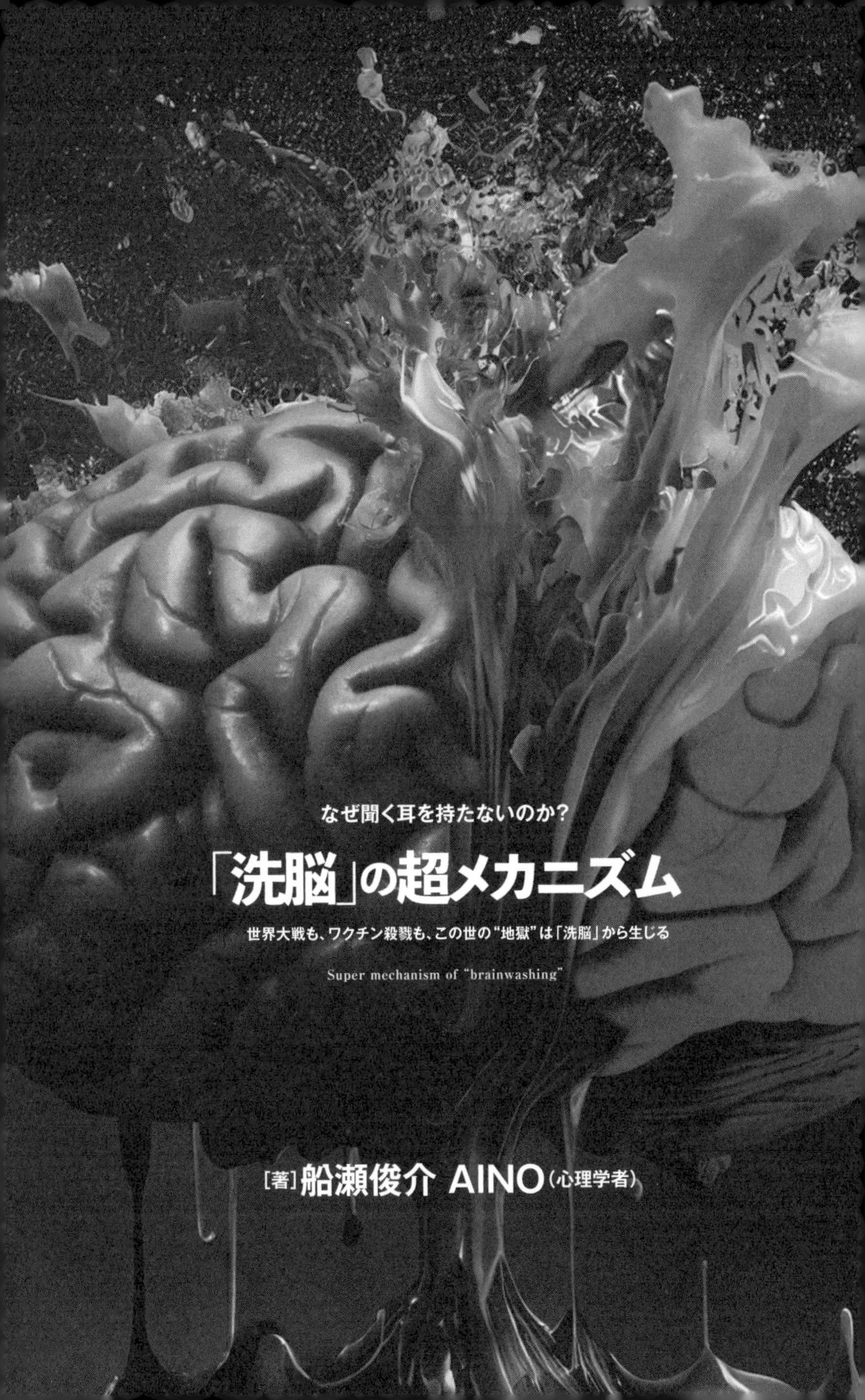

なぜ聞く耳を持たないのか?

「洗脳」の超メカニズム

世界大戦も、ワクチン殺戮も、この世の“地獄”は「洗脳」から生じる

Super mechanism of “brainwashing”

[著]船瀬俊介 AINO(心理学者)

船瀬（俊介）　学校は、最大の洗脳装置になってる。
小学校から大学までね、全て拒否しなきゃいけない。
だからとにかく、現代社会の仕組みがもう悪魔勢力に全て支配されてる。
現在は、社会自体が支配された牢獄と化してる。
企業もそうですね。
その中で行われているのがエスニック・クレンジングという、民族浄化だ。

船瀬　だから僕は言う。嫌な情報それから聞きたくない情報、見たくない情報——。これらを真っ先に手に入れなさい。人間はね、見たくないもの、聞きたくないものは見ない。聞かない。それはね、まさに防衛機制ですよ。

AINO　これこそ、本能的な行動なんです。
そのときの安心のために「反射」する。
不安になりたくないから。
ポリヴェーガル理論のとおりです。

船瀬　だけど、不安になっても、一時的だ。嫌な情報は、さっきのパソコンで言えば、いわゆる基本ソフトと違う情報だからね。認識がパニックを起こしてることはわかる。だけど、それでも新しい情報をインストールしなさいということです。

船瀬　悪魔勢力が、その〝アジェンダ〟（計画）を推進するために、数千年も使われてきた〝洗脳〟技術！

〝やつら〟が人類支配の〝洗脳〟で最初に用いたのが〝恐怖〟だ。〝恐怖〟を与えれば、人間はパニックになり、権力者にすがる。だから、民衆支配の要諦は、民衆を〝恐怖〟で脅かし、平伏させることだ。

〝やつら〟にとっては、宗教と教育と国家とメディアは、四大〝洗脳〟装置でしかない。だから、徹底支配し、徹底管理してきた。

近代から現代にかけて、あらゆる学問は完全に〝やつら〟に〝ハイジャック〟されてきた。

目次

第1部 なぜ喜んでだまされるのか!? 船瀬俊介

第1章　人類史は、初めから〝洗脳〟のくり返しである
――支配する者、される者／だます者、だまされる者

第2章 究極〝洗脳〟とは、人間否定の黒魔術だ！
――宗教戦争、共産主義、カルト、MKウルトラ……

第3章 歴史の闇〝フリーメイソン〟〝イルミナティ〟

──人類(ゴイム)を家畜とし新世界秩序(NWO)を建設せよ

第3部　どこに向かっているのか　船瀬俊介&AINO

カバーデザイン　森瑞（4Tune Box）
校正　麦秋アートセンター
本文仮名書体　文麗仮名（キャップス）

第1部　なぜ喜んでだまされるのか⁉

船瀬俊介

プロローグ

反射的に自分を守るメカニズム「防衛機制」

――「認識」の混乱、「生理」の混乱を避ける

「なぜ、聞いてくれないのか……？」

「うるさい！、二度と来るな！」

「……ボクは悲しい。悔しいんです」

福岡の知人Mさんから、涙まじりの電話があった。

「コロナ・ワクチンだけは打たないでほしい」

そう思って学生時代からの親友を訪ねたという。

すると、玄関口で怒鳴られた。

「うるさい！」「二度と来るな！」

ピシャリッと目の前で扉を閉められた。Mさんは、目の前が真っ暗になった。

「……高校のときからの無二の親友なんです。大学教授までやった男ですよ。それが……」

あとは涙声で、言葉にならない。

自然薬局も経営し、学究肌のMさんは、コロナパンデミックの始まりから、徹底的な勉強をしてきた。わたしのコロナに関する一連の著作も読んでいる。

そして、コロナワクチンが登場した。

「これは、予防効果など皆無。〝人口削減〟のための生物兵器だ」

頭のいいMさんは確信した。ワクチンの正体は、大量殺戮兵器である。

それは、ジェンナーの天然痘種痘の時代から変わらない。わたしは、その具体的証拠を、『ワクチンの罠』（イースト・プレス）他、一連書籍で、告発、暴露してきた。

Mさんは、これら書籍も携えて、親友を訪ねた、という。

「……一冊でもいいから、目を通して……と差し出したら『読む必要はない！』で、ピシャリですよ。あんなやつじゃ、なかったのに……」

ついには〝ワクチン離婚〟まで

今、日本中でこのような悲劇がくり返されている。

コロナの悪魔的仕掛け、mRNAワクチンによる大量殺人の企み。

その恐ろしさに気づき、目覚めた人たちがいる。かれらの頭に、愛する人たちの顔がよぎる。少なくとも、あの人は救わなくては……。Mさんもそうだった。少年時代からの親友……。かれには、何がなんでも、この殺人ワクチンを打たないでほしい。生きのびてほしい、そう思って、親友の家のドアを叩いた。そして、顔を出した友に、Mさんは必死で訴えた。頼むからワクチンは打たないで。あれの目的は、大量殺人だから……。

打った人は二、三年で死ぬとファイザーの元副社長も言ってる。

ノーベル賞学者も言っている。

そのMさんの必死の懇願に親友から浴びせられた言葉は……

「うるさい！　帰れ」「二度と来るな」。

無二の親友からの怒声に、Mさんは、崩れ落ちそうになった。

……なんで、わかってくれないんだ。こんなに心配しているのに。

同じような悲劇は、日本中で今日もくり返されている。

「なんでわからないの？」「うるさい、しつこい！」

〝ワクチン離婚〟なる言葉も聞いた。対立は、ついに家庭崩壊まで引き起こしている。

〝洗脳〟メカニズムを学際的に解明する

なぜ、なぜ、なぜを解いていく

なぜ、なぜ、なぜ……？　うるさい、うるさい、うるさい……！

どうして、このような悲劇が起こってしまうのか？

それを、冷静に、客観的に、解き明かす。それが本書の目的である。

だから、タイトルを『「洗脳」のメカニズム』とした。

物事には、原因があれば、結果がある。

コロナワクチン騒動もしかり。説得する側と、される側。それでいて、どうして水と油のような対立が起こってしまうのか？

どうして、昨日の友が今日の敵……のように、態度が豹変してしまうのか？

まさに、この〝現象〟は、解明されなければならない。深く考察されなければならない。

心理、生理、政治、歴史学から量子論まで

まず、そこには心理学的アプローチが必要だ。

さらに、生理学的な考察も絶対に不可欠だ。

重ねて、政治学、社会学、歴史学……さらには医学、波動医学などからの多面的考察も

求められる。わたしは、それに加えて、最先端の量子論による解析も必要と考察している。

それほど、〝洗脳〟のメカニズムは多岐多彩な分野にわたっている。そして、深い。

このような多重層の解析を行うことで、ようやく、Ｍさんの親友が激怒し、Ｍさんを追い返した心的・生理的メカニズムが解明されるのだ。

謎の現象を究明するための、このような多方面の学問分野からの探究――。

それを学際的アプローチという。

「自己防衛」攻撃ホルモン、アドレナリン放出

「うるさい！」「出て行け！」

心理学面から〝洗脳〟メカニズムを解明する。それが、「防衛機制」理論だ。

人間の心理には、本能的な自己防衛メカニズムが組み込まれている。

生理的な自己防衛は「攻撃」か「逃避」である。

同様に、心理的にも「攻撃」あるいは「逃避」が組み込まれている。

さらに心理学的には、より複雑だ。

人間は外部から身体的に襲われたら、反射的に対応する。それは防衛本能による。

殴りかかられたら反射的に殴り返す。身を守る。逃げる。

これら一連の動きは、生理的に身を守るためだ。

心理的にも同様の行為を反射的に行う。

たとえば「生理」を守るために「殴り返す」。「心理」を守るために「言い返す」。

Mさんの親友が「うるさい」と怒鳴ったのが、それだ。

「常識」を守るため瞬間反射で反発する

「聞く耳を持たない」のも当然だ。友人はなぜ言い返したのか？

それは、みずからの「心理」を守るためだ。それは、いったい何か？

それは「常識」だ。われわれは、日々、常識にしたがって平穏に生きている。

その「常識」が乱される。それは「認識」の「混乱」だ。

それは、即、「生理」の混乱となる。具体的には「心拍増加」（心臓バクバク）「血圧上昇」（頭がカーッ）、「血糖上昇」（アドレナリン爆増）……。このアドレナリンは神経ホルモンで、蛇の毒の三〜四倍もの猛毒だ。それが、ドバッと血中に放出される。一瞬で猛毒は血流に乗って全身を巡る。すると「不快増大」（ムカムカする）。アドレナリンの別名は〝攻撃ホルモン〟だ。

だから、Mさんの親友は、怒鳴ったのだ。「うるさい！」「出て行け！」「二度と来るな」

毒蛇なみ〝毒〟でムカつく、キレる、怒鳴る

「認識」の混乱は「生理」の混乱である

Mさんは、おだやかに、理路整然と、ワクチンが危険であることを説明している。

しかし、友人は理性を失い感情を爆発させて反発する。

この対照的な光景も、「防衛機制」メカニズムからいえば、至極当然なのだ。

Mさんは論理的に説得している。それに対して友人は生理的に反発している。

だから、かみ合わない。友が興奮して怒鳴るのは、体内に攻撃ホルモンが駆け巡っているからだ。毒蛇の四倍近い猛毒だ。ムカムカ気分が悪くなる。その原因は、目の前にいるMさんなのだ。「うるさい！」「帰れ！」と怒鳴るのもあたりまえだ。

これほどまでに、心理的に備わった「防衛機制」メカニズムは、発動するとすさまじい。

そもそも、元を正せば、Mさんが「ワクチンは危険だよ」と言った一言が原因だ。

しかし、友人のそれまでの「常識」は「ワクチンは安全だ」。ここで、〝常識〟がまっこうから否定された。このことで、友人の体内で「認識」の「混乱」が起こり、それは「生理」の混乱に直結した。つまりは「心悸亢進」「血圧上昇」「血糖上昇」……攻撃ホルモン、猛毒アドレナリン分泌……ムカつく。イラつく。怒鳴りつける。

「理論」でなく「感情」で反発する

ここで大切なことは、友人はMさんが説得する「ワクチンが危ない」という事実に反駁《はんばく》しているのではなく、「常識」が否定されたことから生じた不快感で反応、攻撃している、という事実だ。ワクチン〝危険論〟の是非を理論的、理性的に考察する前に、猛毒ホルモン、アドレナリンによる不快感の攻撃にさらされ、感情的、攻撃的になってしまっているのだ。Mさんは「無二の親友が、なぜ激高して、あんなに怒鳴ったのか、わからない」と嘆いていた。

じつは、以上のようなメカニズムが働き、友人の感情は爆発したのだ。

これら一連の生理メカニズムは、本人にはなかなかコントロールできない。

こうして、コロナワクチンを巡るやりとりだけでも、日本中で深刻な悲劇がくり返されている。しかし、説得するほうも、されるほうも、人間にはこのような心理的メカニズムが備わっている、ということをまずは理解しておかねばならない。

誰でも、自分があたりまえ、と思っていることを否定されると不快になる。

もう、「防衛機制」が発動しているのだ。

だからこそ、説得する側も、される側も、このような心的メカニズムを理解しておくことだ。それは、最低限でも必要な心がまえである。

「愛」と「笑い」と「ユーモア」が、あれば……

頭ごなしは最悪である

なぜ相手は「聞く耳を持たないのか？」。その理由について、ここまで述べてきた。

なるほど……そういうことか。フに落ちたかたも多いだろう。

相手によかれと思って言ってあげた。なのに、反発された。逆上された。罵《ののし》られた。

最悪は、Mさんのように数十年来の友情の決裂だ。

Mさんが涙声になってしまったのもよくわかる。

説得される側が、怒る。その理由は〝怒り〟のホルモン、アドレナリンが分泌されたからだ。こうなると、もう手がつけられない。相手は、もうムカついている。ムカムカして不快感のかたまりになっている。そんな人に、いくら冷静になって説得しようとしても無理だ。怒りの火に油を注ぐようなもの。いったんは、仕切り直し。クールダウンを待つしかない。

なぜ、相手が感情を爆発させたのか？　アドレナリンがドバッと出てしまったのか。

説得するがわも反省が必要だ。おそらく、相手を思うばかりに、頭ごなしに語りかけてはいまいか？　つまりは、上から目線だ。これは、さらに最悪の結果を招いてしまう。

相手は、それまで〝正しい〟と信じていた「常識」を否定され生理的な混乱状態にある。

加えて、上から目線で言われる。それは、相手は優位で、こちらは劣位という態度に見える。フザケルナ！　さらに不快感は、いや増しとなる。聞く耳持たないのは当然だ。

まずは相手を肯定する

「防衛機制」メカニズムからいえば相手はかならず、みずからの「常識」を守ろうとする。

その態度を、まず認めることだ。「そう思うのはあたりまえだよ」と。

まずは、相手の立場を肯定する。つまりは「愛」だ。

自分の「常識」を攻撃ではなく、肯定してくれた。

相手は、あなたに敵意でなく共感を抱く。つまり、相手も「愛」を感じたのだ。

「愛」を感じた人の体内には、もはや〝攻撃〟ホルモン、アドレナリンが分泌されることはない。代わりに〝愛情〟ホルモン、オキシトシンが分泌される。

このホルモンは、愛されている、と実感したとき放出される。

そして「愛している」ときにも……。さらに「笑い」を交えて語りかける。「ユーモア」ほど、相手を安心させるものはない。相手もニッコリ「笑って」応じる。このとき、相手の体内には〝快感〟ホルモン、エンドルフィンが分泌されている。なんともいえぬ心地よさに満たされる。

こうして、相手はようやく、あなたに耳を傾けてくれる。

相手を変えようとしないホルモン

なるほど……と、うなずき始める。このとき、体内には〝理性〟ホルモン、セロトニンが分泌されていく。このホルモンは感情を抑制し、認知力を高める。

そして、この〝理性〟ホルモンが分泌されるほど、人間力も深まっていく。

もはや、相手はあなたが理解を求めるワクチンの危険性について、深く認識したはずだ。

それどころか、あなたの「愛する人を救いたい……」と願う人間愛に、感動するはずだ。

手を差し伸べ、感動の涙を浮かべるだろう。そのとき、相手の体内には、〝感動〟ホルモン、ドーパミンが熱い泉のように湧いている。


――以上。

聞く耳を持たない人に、耳を傾けてもらう術《すべ》を、考えてみた。

最後に五〇〇〇年以上も伝わる古代ヨガの教訓をあげておきたい。


――人を変えようとしては、ならない――


人間の尊厳は、その人の自主と自律にある。

人を思いどおりに動かそうとするのは不遜である。

愛する人に、殺人ワクチンを打ってほしくない。そう思うのは当然だ。

だから、できる限りの情報を与えてあげる。

あとの判断と選択は、本人に委ねる。

それが「相手の尊厳を認める」ということなのです。

第1章

人類史は、初めから〝洗脳〟のくり返しである

――支配する者、される者／だます者、だまされる者

権力は①「腐敗」②「隠蔽《いんぺい》」③「弾圧」する

政治学の三大命題を知れ

人類の歴史は、原初から〝洗脳〟のくり返しである。
なぜなら、人類は集団を形成することで存続してきたからである。
集団形成には支配する者、される者が必然的に存在する。
つまり、支配者と被支配者である。言い換えると権力者と従属者である。
ここで、政治学の第一命題を取り上げる。

①権力は腐敗する。（絶対権力は絶対腐敗する）

これは、権力の宿命である。なんでも思うままになる。すると、従属者の利益よりみずからの利益を優先する。つまり、腐敗堕落する。

ここから、第二命題が導《みちび》かれる。

②権力は隠蔽《いんぺい》する。（権力者は腐敗事実を隠す）

権力者が、権力の座にあるのは、従属者の支持があるからだ。しかし、腐敗の事実が明らかになれば、従属者たちは離反する。あるいは反逆する。それは権力の喪失につながる。だから、権力者は、みずからの腐敗の事実を隠蔽する。

そして、何事もなかった素振《そぶ》りをする。つまり、「権力は虚言する」のだ。

ここから、第三命題が、導かれる。

③権力は弾圧する。（告発者を権力は許さない）

権力がみずからの腐敗を隠蔽するのと当然だ。そして、何もなかったかのようにふるまう。しかし、従属者の中で目ざとい者は、その腐敗事実を指摘する。あるいは、従属者たちに暴露する。これは権力の崩壊を招きかねない。そこで、権力は、告発者を弾圧する。

わかりやすくいえば追放する。あるいは極刑に処する。腐敗事実の暴露は、絶対に許さない。

「宗教」は支配の道具〝洗脳〟装置と化した

〝真実〟と思わせる〝洗脳〟の手口

権力に①「腐敗」②「隠蔽」③「弾圧」は、不可分である。

権力の絶対維持に必要なのは、これら〝三大命題〟を被支配者の目に触れさせぬことだ。

つまりは、情報操作だ。言い方を換える。これこそが〝洗脳〟なのだ。

――真実と異なる情報を、〝真実〟と思わせる――

だからこそ、〝洗脳〟は人類史の発祥とともにある。

それは、人類という〝種〟の宿業《しゆくごう》かもしれない。

生物は本能的に〝光〟を求める。動物である人間なら、なおさらだ。

生存に、〝光〟は絶対的に必要だ。それに対して、〝闇〟は死のイメージがある。

だから、人間は〝闇〟を厭《いと》い、〝光〟を求める。それは、本能である。

権力者は、その本能を巧みに利用してきた。

人間に〝光〟すなわち生命を与える者を〝神〟とした。

そして、大衆にこれを崇《あが》めることを強制した。

〝闇〟すなわち死を与える者を〝悪魔〟とした。

そして、大衆にこれを忌《い》むことを強要した。こうして、宗教が誕生した。

それは、宇宙の理《ことわり》をも象徴している。だから、その一部は真実である。

宗教は心を支配、王権は物を支配

しかし、権力者たちは、宗教の底知れぬ「力」を知っていた。

支配には二つの側面がある。精神支配と物質支配だ。

わかりやすくいえば、心の支配と物の支配だ。

人類史が発展するにつれ、部族社会が形成された。さらに、部族は統合されて王国となった。王国を支配するのが国王である。被支配者すなわち国民を一つにまとめる。

そこで、いやがおうでも必要となるのが〝支配〟システムだ。

〝かれら〟は巧妙な方法をあみ出した。人間の存在には二つの側面がある。

精神的存在と物質的存在だ。前者の支配を宗教に委ねる。後者の支配を王権が担《にな》う。

こうして、宗教は心を支配し、王権は物を支配する〝二重支配システム〟が出現した。

これは、民衆支配には、じつに効果的な制度であった。

中世ヨーロッパの繁栄と隆盛は、この二重支配に裏打ちされたものだ。

ちなみに中世の日本も同様の二重支配システムであった。

天皇が心を支配し、将軍が物を支配したのだ。鎌倉、室町、江戸の幕府体制は、帝《みかど》という雲上人《うんじょうびと》を実質〝神〟の座に置いていた。まさに、天子様だ。庶民大衆は、天皇を神州《しんしゅう》八島《やしま》の〝神〟として崇《あが》め、将軍を〝お上〟として従属した。まさに見事な二重支配である。

こうして――。

東西を問わず、宗教は民衆支配の〝洗脳〟装置としての役割を深めていくのである。

歴史（ヒストリー）はヒズ・ストーリーだ

歴史を捏造《ねつぞう》する権利

歴史も、一種の〝洗脳〟だ。

歴史（HISTORY：ヒストリー）の正体は、〝HIS STORY：ヒズ、ストーリーなのだ。ヒズすなわち「かれの」の〝かれ〟とは言うまでもなく権力者だ。

つまり、歴史とは権力者の物語なのだ。

だから、権力者とは「歴史を捏造する権利を与えられた者」なのだ。

権力の三大命題を想起せよ。歴史とは、権力者が自分に都合よく綴《つづ》る〝物語〟にすぎないのだ。だから、権力者にとって〝不都合な真実〟は、ことごとく隠蔽される。

そして、それを指摘する者は、ことごとく弾圧される。

まさに、権力は①腐敗、②隠蔽、③弾圧する。

古代中国の最初の統一を成し遂げた秦の始皇帝は暴虐の限りを尽くした暴君だった。

その暴政を諫《いさ》める儒学者数百人を生きたまま埋め殺した。その著書群はすべて燃やし尽くした。

これが、後に語り伝えられる焚書坑儒《ふんしょこうじゅ》である。

これら知識人は、真実を唱え、信義の実現を訴えた。だから、始皇帝は徹底的に弾圧の手を緩めなかった。そうして、秦王国は始皇帝一代限りで滅亡した。

『日本書紀』『古事記』の闇

これはわが古代日本にもいえる。日本の歴史は万世一系の皇国史観に貫かれている。これも〝ビズ・ストーリー〟であることは論を待たない。

国史の『日本書紀』『古事記』の編纂を命じたの藤原不比等だ。まさに、天皇制にとっては、最高の二大〝ビズ・ストーリー〟。このとき不比等は、全国の豪族に「国史を編纂《へんさん》するので、各々に代々伝わる記録を持ち寄る」ように命じた。各地の豪族は、先祖の系図、古書などを嬉々として提出した。それを、不比等はことごとく燃やし尽くして灰燼《かいじん》に帰せしめた。まさに、不都合な真実を〝処分〟したのだ。

以来、天皇家は記紀と違う古書古文は、すべて偽書として放逐している。

その意味で『日本書紀』『古事記』は、二大〝洗脳〟文献なのだ。

三大密教⑴イルミナティ、⑵フリーメイソン、⑶DS

悪魔に魂を売った〝かれら〟

現代を闇支配している〝洗脳〟集団が存在する。

〝かれら〟に比べれば——

秦の始皇帝の暴虐など可愛らしいものだ。

わが国の皇国史観など微笑ましい限りだ。

それより、何より、古代から、ほぼ世界を丸ごと支配してきた一族がいる。

それが、(1)イルミナティ、(2)フリーメイソン、(3)ディープステート（ＤＳ）だ。

それは、三段重ねのピラミッド構造を成している。

この悪魔のピラミッドの存在を知らなければ、現代社会の動きはまったく理解できない。

それを〝陰謀論〟として耳を塞《ふさ》ぐ者がいる。目を閉じる者も、顔を背ける者も……。

〝知識人〟を自称する人々に、ことのほか多い。〝かれ

■世界を裏から操る“闇の勢力”は三層構造だ

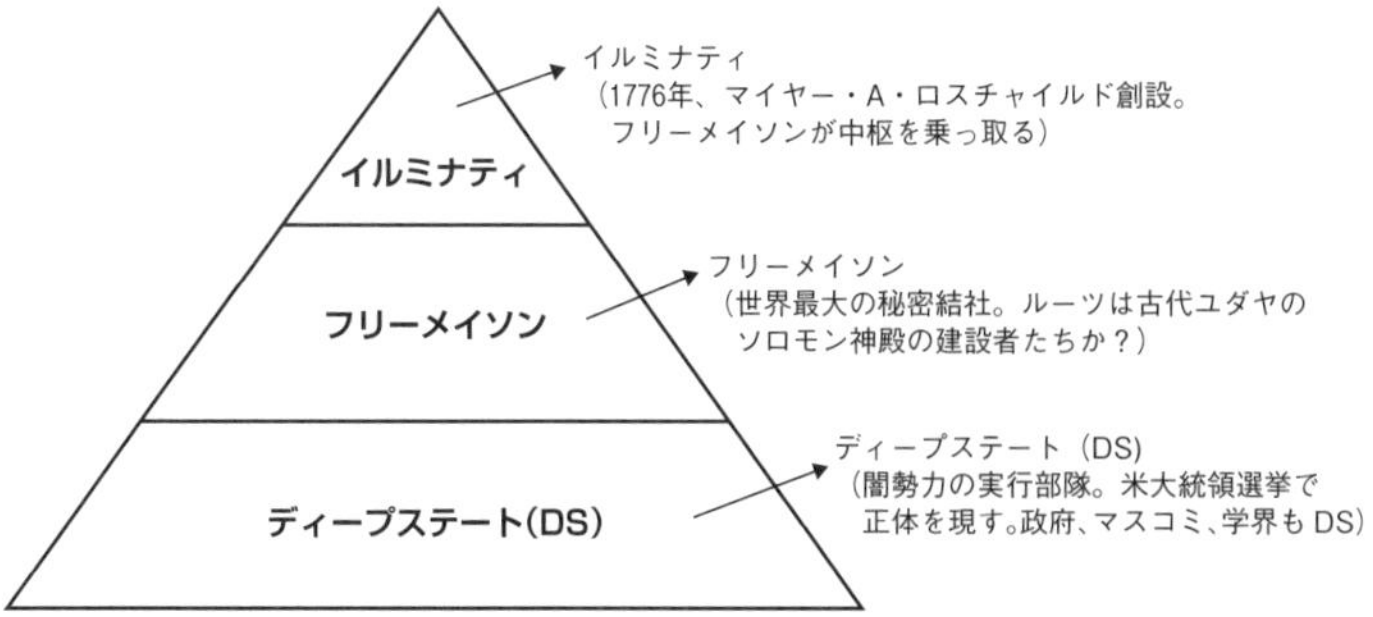

ら〟こそ時代の落ち零《こぼ》れである。まさに、この悪魔ピラミッドの〝洗脳〟の哀れな犠牲者たちだ。もはや、救いの道はない。〝かれら〟の存在も声も、歴史の闇の淵に沈んで消えていくしかない。

その意味で歴史もまた残酷である。

悪魔教（サタニズム）の信徒

〝洗脳〟をモチーフにする本書で、これら三大密教を取り上げるのは当然だ。

〝かれら〟は人類を徹底的に〝洗脳〟してきた。

そして、今も〝洗脳〟し、これからも〝洗脳〟していくだろう。

下の図は、この〝悪魔のピラミッド〟を詳しく示したものだ。

頂点に鎮座するのがルシファー（悪魔）だ。すなわち、この三重密教を支配するのは悪魔なのだ。だ

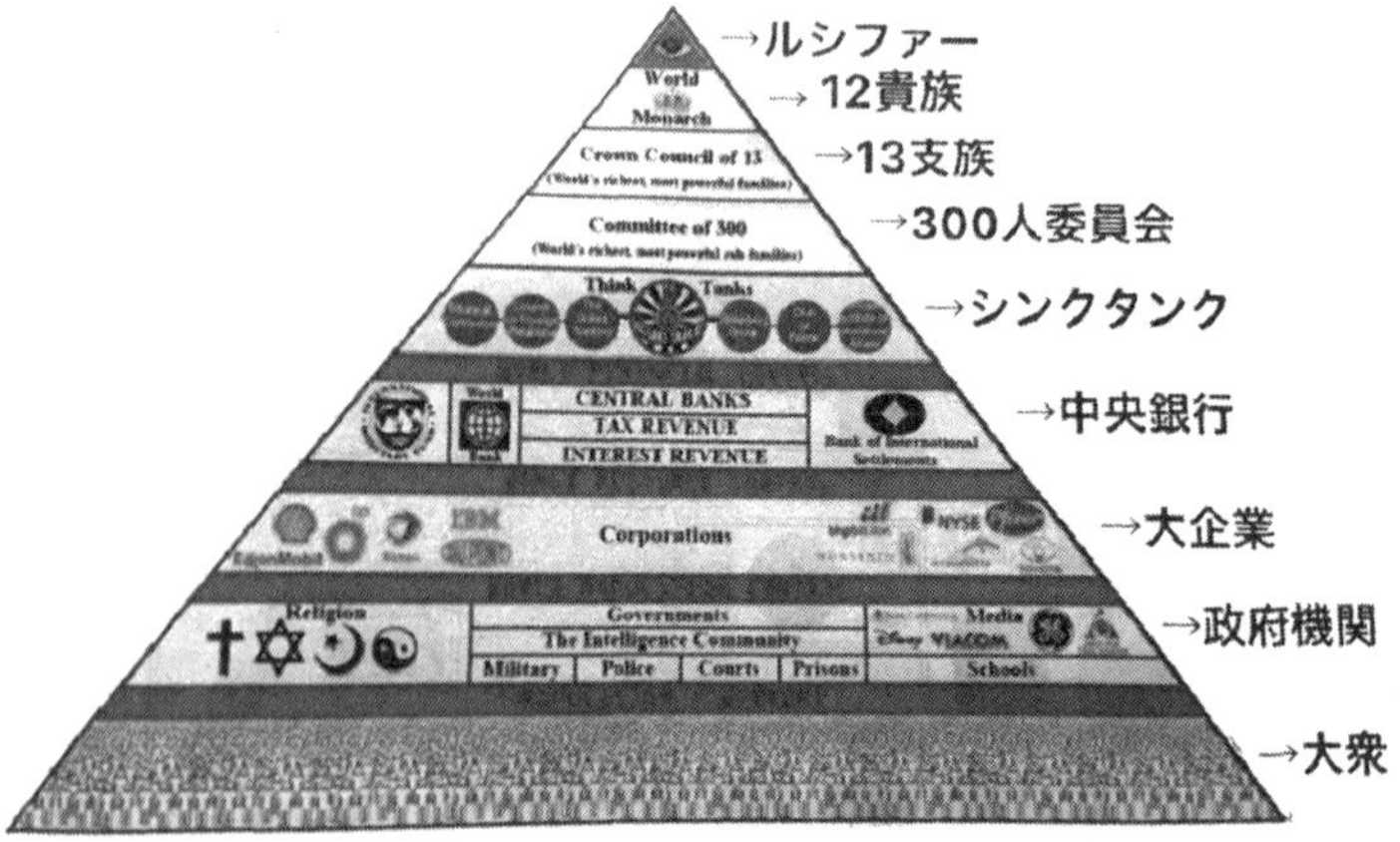

から、(1)イルミナティ、(2)フリーメイソン、(3)ＤＳのメンバーが真に信仰しているのは〝悪魔教（サタニズム）〟である。

ルシファーは、別名〝堕天使〟と呼ばれる。つまり、悪魔に魂を売り、地獄に堕ちた天使……という意味だ。だから、それを信奉するフリーメイソンもイルミナティもＤＳも、すべてが悪魔に魂を売って、地獄に堕ちた連中なのだ。

「非ユダヤ人は〝ゴイム（獣）〟だ」

フリーメイソンは、世界最大の国際秘密結社である。

その出自には、諸説ある。古代イスラエル王国のソロモン神殿建築者たちをルーツとするという説がある。さらに、古代エジプトまで遡るという説すらある。

それから、名前や姿形を変えて、連綿と歴史の背後で蠢《うごめ》いてきた。そして、世界の様々な王国や豪商などを支配し操《あやつ》ってきた。そのルーツが古代ユダヤにあることは言うまでもない。

「……ユダヤ人は、寄り集まって口々に、非ユダヤ人という〝家畜〟すなわち〝ゴイム（獣）〟への軽蔑を表明することになる。そのあげくユダヤ人は、非ユダヤ民族を繁殖させて、屠殺すべき放牧家畜と見なす」「ソロモンもダビデも、血に飢えた盗賊であって、典型的なユダヤ人の指導者であった」（ユースタス・マリンズ著『真のユダヤ史』成甲書房）（写2）の悪魔（ルシファー）の下で地球を支配してきたのが一二貴族だ。その下の一三支族とは、世界の一三大富豪だ。〝かれら〟は三〇〇人の代議員を選び、地球を統治させてきた。それが三〇〇人委員会だ。実質的に地球社会の運営は、〝かれら〟が担ってきた。

その下のシンクタンクとは、全世界の頭脳エリートたちが結集している。

科学、医学、軍事、農業などの知的分野を、〝かれら〟が支配している。

戦争、医療、ワクチンも大量殺戮で人口削減

人類を一〇億人まで削減する

その下部の中央銀行とは、〝闇〟が〝ハイジャック〟した各国中央銀行だ。

本来は、国家機関で通貨発行権を持ち、信用創造を担ってきた。

まさに国家の中枢組織が〝闇勢力〟に盗まれたのだ。

いまや先進国で中央銀行（通貨発行権）を死守しているのは、中国のみだ。

同国の経済発展が目覚ましいのは通貨発行権と信用創造権を国家が確保してきたからだ。

その他の国々は、例外なく通貨発行権を持つ中央銀行を略奪され、〝闇〟から支配されてきた。38ページ図版のピラミッド下部を見ると、その下に大企業、さらにその下部にようやく国家（政府機関）が存在している。このことから、悪魔勢力による地球支配下では、国家はほとんど何の権限も与えられていないという驚愕の事実がわかる。

そうして、ようやく最下層に人類（大衆）が登場する。

イルミナティ、フリーメイソンなど〝闇勢力〟は、人類を〝ゴイム（獣）〟と蔑称し、はなから人間扱いしていない。

〝かれら〟は一九八〇年、米ジョージア州に建立した石碑で「地球の最適人口は五億人以下」と宣言している。つまり、それ以上の〝ゴイム（獣）〟は屠殺する……と宣言している。

だから、戦争も医療もワクチンも、すべてが〝人口削減〟の手段なのだ。

〝かれら〟は人類を人間とみなしていない。獣なのだ。

だからいくら殺しても良心は痛まない。

まずは人類の九〇％を〝削減〟（殺戮）する。

これを、〝かれら〟は「グレート・カーリング計画」と呼んでいる。

約八〇億人のうち七〇億人余りが、〝殺される〟。

そのため、〝かれら〟は絶え間なく戦争を仕掛け、病院で大量殺戮《さつりく》してきた。

ワクチンもまた第三の殺戮計画なのだ。

世界大戦まで自在に計画・実行してきた〝闇勢力〟!

三回の世界大戦を予告実行

「……これから始まる第一次、二次、三次の世界大戦はフリーメイソンが計画し実行する」

驚愕予言は、一八七一年、フリーメイソンの〝黒い教皇〟アルバート・パイクの書簡で明らかになった。この年は、明治維新が成ってわずか三年後。そのときに、すでに百年近い未来まで予言（予告）しているのだ。

そして、それは恐ろしいほどに的中している。それも当然だ。フリーメイソンは予言実現のために暗躍していたのだ。たとえば、第一次大戦は、オーストリア皇太子暗殺事件をきっかけに勃発する。そして、事件に関わった犯人たちは法廷で、みずからがフリーメイソンのメンバーであると自白している。第二次大戦も「ファシスト（ヒトラー等）とユダヤの対立で引き起こされる」と予言。そのとおりになったのも当然だ。

ヒトラー自体が英国のスパイだった。さらに、スターリンもルーズベルトもチャーチルも、みんなフリーメイソンのメンバー。つまりは、お仲間同士で第二次大戦という〝戦争ゴッコ〟を仕掛けたわけだ。そのノルマもはっきりしていた。

〝人口削減〟一億人――。

〝ゴイム（獣）〟たちを殺し合いさせて、きっちり〝ノルマ〟を達成している。

第三次大戦もパイクはこう予言（予告）している。

「シオニスト（ユダヤ人）とアラブの対立を利用しイルミナティ工作員によって、仕掛けられる」

まさに、そのとおり。ユダヤ民族とアラブ民族という異人種、異宗教間の対立で中東戦争が勃発。第四次まで拡大。さらに、それ以来、中東地域で戦火の絶えることはない。それは、まさに第三次大戦の〝種火《たねび》〟として、今まで温存されてきたのだ。

金融、兵器で二重取り荒稼ぎ

このように〝闇勢力〟は、世界大戦まで自由自在に起こしてきた。

ならば大戦の狭間《はざま》にある革命や戦争などは、まさにお手の物。じっさい、〝かれら〟はそうして絶え間ない戦争を仕掛けてきた。アヘン戦争、明治維新、南北戦争……さらに、第二次大戦後の朝鮮戦争、ベトナム戦争……さらに9・11という史上空前の〝洗脳〟作戦を敢行した。これぞ、自作自演の〝偽旗《にせはた》作戦〟。みずからを攻撃して、敵がやった……とでっちあげる。狡猾で悪質な戦争の仕掛けだ。しかし、全世界のマスメディアは〝かれら〟に支配されている。そのため、この悪質な悪魔の仕掛け罠を、テレビ、新聞、マスゴミは、ひたすら煽《あお》りまくる。こうして、悪魔たちの狂宴は、戦火を求めてくり返される。

なぜなら、戦争こそが、〝かれら〟にとって最大のビジネスチャンスだからだ。

〝かれら〟ユダヤ商人にとって金融と兵器は、二大稼ぎ頭だ。〝かれら〟は戦争両当事国にも金融、武器の〝支援〟を行う。ロスチャイルドお得意の二股支配だ。

紛争国双方に高利で資金を貸し付け、その金で兵器を買わせる。まさに二重取りの荒稼ぎ。笑いが止まらない、戦争で命を落とす国民は涙が止まらない。

〝やつら〟が戦争を起こすテクニックは、じつに狡猾だ。まさに悪魔の悪知恵……。

「やつらがやった！」戦争の火付け〝偽旗作戦〟

戦争こそ史上最凶の〝洗脳〟だ

〝偽旗作戦〟――これは、現代世界を理解するための必須ワードだ。

九九％の人が知らないだろう。これこそ、史上空前の〝洗脳〟だ。

これまで、ほとんどの戦争が、この〝偽旗作戦〟によって勃発した、と言っても過言ではない。記憶に新しいのが真珠湾攻撃だ。日本の奇襲攻撃とされているが、立案したのはアメリカ側だ。〝かれら〟ＤＳ（軍産複合体）は、日本に真珠湾を攻撃させるプランを前から練っていた。

そして――日本側に送り込んだ工作員（おそらく山本五十六《いそろく》ら）に、実行に移させた。

超機密の暗号解読機が、とっくの昔にアメリカ側の手に渡っていた。

アメリカに二度の留学経験のある高級士官、山本を籠絡していたのは当然だろう。

結局、真珠湾に停泊していた戦艦アリゾナなどは、単なるおとり（デコイ）だった。

真珠湾奇襲と三脚カメラ

パールハーバー記念館を訪ねた。そこで生々しい記録映像を観た。すぐに奇妙なことに気づいた。すべてカメラがぶれてない。三脚で固定されている。カメラアングルもベスト。様々な場所で、見事に迫力ある奇襲シーンを記録している。低空飛行で飛来する艦上戦闘機。黒煙を上げて燃え盛る戦艦アリゾナなど。じつに、生々しく圧巻だ。

そして、ふと怪訝《けげん》に思った。奇襲時間はわずか五〇分である。言うまでもなく、パールハーバーでは、軍人も民間人も、全員が地上を逃げ惑っている。超低空飛行のゼロ戦から容赦のない機銃掃射が浴びせられる。身を隠さないと命が危ない。パニックも当然だ。いったい、誰がカメラや三脚を準備したのだろう。保管されているのは倉庫だ。日本軍の奇襲攻撃の最中にカメラ、フィルム、三脚などを探しに行って、フィルム装填しているうちに攻撃は終わっているはずだ。

リメンバー・パールハーバー！

なのに撮影者は、各々のベストポイントで迫力映像を、撮っている。画面はまったく、ぶれていない。決定的瞬間が、次々に見事に捉えられている。そうして、これら迫力映像が全米の何百もの映画館でくり返しくり返しスクリーンに映し出された。「リメンバー・パールハーバー！」の掛け声とともに……。ジャップの卑怯きわまりない攻撃映像にアメリカ国民たちは、怒りの拳を突き上げた。第二次世界大戦中、名誉ある孤立を保っていたアメリカは、一八〇度、開戦に向けて舵を切った。戦時国債は飛ぶように売れ、若者の志願兵が続々と入隊した。

「真珠湾を忘れるな！」「卑怯なジャップを許すな」

まさに、真珠湾攻撃こそは、史上空前の〝洗脳ショー〟であった。

「戦争はあした始まるよ」

今ごろになって〝真相〟が、語られている。

「……『真珠湾』事前に知っていたルーズベルト　現地に教えず見殺し」（『産経新聞』THE　SANKEI　SHIMBUN』）

今や、保守メディアですら、あの真珠湾の〝真相〟を明らかにしているのだ。

「……真珠湾攻撃前日の六日、海軍幹部から渡された（暗号）解読文を読み終えたルーズベルト（大統領）は、こう言いました。『これは戦争を意味する』。ルーズベルトの長女の夫ジョンによると、この日、一家は全員が集まってディナーをとりました。大統領は中座し、やがて戻ってきて、こう言いました。『戦争は、あした始まるよ』（2017／1／8　要約）

――戦争の最初の〝犠牲者〟は、〝真実〟である――

「爆弾三勇士」戦争賛美に踊らされた大衆

ヒトラーも英国の操り人形

マスコミは、今も昔も〝洗脳〟装置である。
その手法は三つある。（1）煽《あお》る。（2）逸《そ》らす。（3）堕《お》とす。
真珠湾攻撃をアメリカのDSは知っていた。当然だ。〝かれら〟が計画したからだ。
それを日本側に潜入させた工作員たちにやらせた。
第二次大戦そのものが、〝かれら〟の仲間同士が仕掛けた戦争ゲームなのだ。

大立者《おおだてもの》ヒトラーですら、英国で養成されたスパイだったのだ。

「……カバール（ＤＳ）は、ヒトラーをロンドンのタヴィストック研究所で学ばせました。世界エリート（英国情報局）が運営している英国の組織です。そこで、彼は将来の演説の訓練を徹底的に受けていたのです。ヒトラーの演説は世界的に有名ですが、彼自身がそこでマインドコントロールされて、カバールのパペット（操り人形）になったのかもしれません」（佐野美代子著、『世界の衝撃的な事実「〝闇〟側の狂気」』ヒカルランド　要約）

当然、当時のドイツの新聞、ラジオ、映画なども、背後からＤＳに操作されていたことは言うまでもない。〝かれら〟は計画どおり、ヒトラーの狂気に近い演説を流しまくり、ドイツ国民を熱狂させた。「リメンバー・パールハーバー」とまったく同じ大衆煽動の手口である。

映画館で涙した俳人、山頭火《さんとうか》

日本国民を戦争に駆り立てる。それは、アメリカやドイツより、かんたんだった。

日本人は馬鹿正直である。かれらを本物の馬鹿にする。それもいたってかんたんだ。

「馬鹿な情報を与えさえすればよい」。

まず、大衆操作に使われたのが「爆弾三勇士」だ。

一九三二年一月四日、九州佐賀市。放浪の俳人、種田山頭火は映画館のスクリーンに見入り涙を流していた。画面に映し出されたのは「爆弾三勇士」の映像。それは、「……たった一〇日ばかり前に起こった実際の事件を映画化していた。当時の映画は、現在のテレビのように、現実のニュースを映像化して報道するという使命があり、即製が絶対条件だった。当時の映画は無声映画であり、三〇分ほどの短編だったので、それが可能だった」(西村雄一郎著『北の前奏曲　早坂文雄と伊福部昭の青春』音楽之友社)

上海事変、敵中突破、壮烈爆死

一九三一年、満州事変。三二年、上海事変……。日本軍は怒濤のように大陸侵攻に突入していた。二月二二日、上海北部――。

「……鉄条網を突破するために、身体に爆弾を結び付け、肉弾ごとに突っ込んで、突撃路を開いたといわれるのが三勇士であった。三人はその場で爆死。翌日、この第一報が内地に伝わり、この日以来、異常とも思われる〝三勇士〟ブームが日本全土を興奮状態に巻き込んだ。彼らを英雄と讃えた作品が次々に生み出されたのである。映画化は六社による競作となった。東活キネマは『忠烈、肉弾三勇士』のタイトルで撮影に入り、九州ロケまで行った。新興キネマは『肉弾三勇士』のタイトルに決定。日活は『爆弾三勇士』のタイトルで京都太秦《うずまさ》撮影所で製作された」「映画化と並行して、演劇界でも一斉に芝居化された。新派、新国劇は分かるとしても、松竹レビューから人形浄瑠璃、歌舞伎界にまで演目を与えた。特に歌舞伎では、六代目菊五郎、十五代目羽左衛門、六代目彦三郎という一流どころが三勇士を演じた」（同）

まさに、日本中を巻き込んだ三勇士ブームの熱狂ぶりが伝わってくる。

爆弾を抱えた銅像まで建立

三勇士は、なんと教科書にまで取り上げられた。

「……一九四一年から四五年までの初等国語科と唱歌教材に取り入れられている。東京や三勇士の故郷には、爆弾を抱えた銅像が造営された」「松竹京都、東活撮影所では全所員から浄財が集められ、弔慰金として遺族に送られた。また三人の老母たちは、〝軍神の母〟と崇められ、荒木貞夫陸軍大臣から金一封が授与された。もちろん、新聞、雑誌といったジャーナリズムも褒《ほ》めたたえた。特に（爆死三日後の）二五日は月刊誌の締切り日であったために、多くの雑誌社は、輪転機を止め、緊急記事を差し込んだ」（西村雄一郎氏）

これは、もはや異常と言う他ない。まさに、マス・ヒステリーだ。

この大衆熱狂は、かのヒトラーのナチスと同じ。こうして、人々は戦争に駆り立てられるのだ。

さて――。

日本中を熱狂の渦に巻き込んだ肉弾三勇士の過熱ブーム。それは意外な結末を迎える。

実は単なる爆弾事故死だった

西村氏の著作『北の前奏曲』は、意外なエンディングを用意していた。

「……ところが……である。後になって敵地に突入したといわれた三勇士が、実は単なる爆弾の接触事故で死亡したのだとの説が浮上してきた。かくして、あれほど騒がれた肉弾三勇士の美談も、戦後は、口を拭《ぬぐ》ったように語られなくなった。競合された多くの映画のフィルムもジャンク（廃棄）され、アーカイブとしてさえも残っていない。現在のウクライナ侵攻がそうであるように、戦争が開始された当初は、必ず情報戦が起きる。政府の上層部が、情報を操作して、世論を喚起していくのだ。重要なことは、日本の国民はそれによって、一斉に右を向き、ある一定の黒い潮が形成された、という事実である。（中略）『肉弾三勇士』は、国民を太平洋戦争に導くスタートラインだったということができるだろう」

大陸侵略から目を逸らさせた阿部定事件

満州事変も〝自作自演〟だった

肉弾三勇士にでっちあげられた爆弾事故死……。

なぜ、あれほど三勇士〝神話〟は、熱狂の渦をつくったのか？

背後に悪辣《あくらつ》な〝意志〟が働いていたことは、まちがいない。それは、真珠湾攻撃という〝偽旗作戦〟を遂行した〝かれら〟と同じ連中だろう。

すなわち、世界を闇支配するDS（ディープステート）が、日本大衆を煽動するために創作した。〝洗脳〟大作戦だ。

肉弾三勇士の真実は、たんなる事故死……。しかし、関係者は口を拭って沈黙した。

だから庶民大衆は、肉弾三勇士の美談を信じて、後に続けと戦地に突入したのだ。

このでっちあげ事件の一年前。やはり、悪質な〝偽旗作戦〟が密かに行われている。

それが満州事変だ。九月一八日深夜、満州鉄道が、〝何者か〟によって爆破された。

関東軍は、これを中国軍ゲリラによる破壊工作と激怒。中国軍への攻撃の火蓋《ひぶた》を切った。

その〝証拠〟として、爆破された線路周辺に残された〝ゲリラ〟の遺体を示している。

ところが、これも悪辣な〝偽旗作戦〟だった。関東軍は、密かに満州鉄道を爆破し、あらかじめ射殺しておいた中国人の遺体を放置。「中国側が爆破した」と世界に公表した。

「……九月一八日、満州に駐屯していた日本の関東軍は、謀略で満州事変を勃発させ、約五か月後には、かいらい国家『満州国』を建国した。この武力紛争を計画したのは首謀者が関東軍作戦参謀の石原中佐だった」（『ウィキペディア』）

二・二六事件、一七名銃殺刑

真珠湾、肉弾三勇士、満鉄爆破……戦争は、必ずでっちあげにより起こされる。

あるいは猟奇事件が勃発すると、これは世間の目を〝逸らす〟ため利用される。

それもまた〝洗脳〟の一種だ。

二・二六事件の直後に起こった阿部定《あべさだ》事件が、典型だ。

一九三六年、二月二六日、陸軍の青年将校らが約一五〇〇名の兵を率いて蜂起した。

彼らは岡田啓介内閣総理大臣、斎藤実《まこと》内大臣らを襲撃。東京三宅坂一帯を占拠し「国家改造」を訴えた。このクーデターを指揮した若手将校らは皇道派と呼ばれる。

決起にいたった動機は、日本の農山漁村の疲弊だ。将校たちは地方から徴集されてきた兵士たちから、故郷の窮状を聞き涙した。それに対して高級軍人や豪商たちは、わが世の春を謳歌している。時に思想家、北一輝《きたいっき》は「君側《くんそく》の奸《かん》を討て」と、軍国主義に奔走する権力側を痛烈に批判。その〝革命〟思想に感化された青年将校らが決起したのである。しかし、反乱は鎮圧され、秘密軍法会議で一七名に死刑判決。他二名、自決。北一輝も、民間人でありながら、反乱の思想的根拠をなした、という〝罪〟で死刑。北の銃殺刑は判決からわずか五日後に執行された。

二・二六の記憶を抹消せよ

「君側の奸」が、なぜ二・二六事件の〝処理〟を急いだのか？

それは武装蜂起した青年将校たちの言い分に、理が通っていたからだ。

増大する軍事予算。重ねて、満州・上海事変を契機とする大陸侵攻。満州国という傀儡《かいらい》国家建国は、大陸略奪の第一歩にすぎなかった。他方で青年将校たちが血涙を下したように、地方の貧困、疲弊は甚だしかった。その最大原因は肥大する軍事予算にあった。

しかし、疲弊する地方を切り捨て、中国に利権を求めて侵攻する。その軍部暴走に二・二六事件は、大いなる障害であった。

だから、国民の記憶から速やかに抹消する必要があった。

そして、その奸計を満足させる格好の事件が勃発した。それが、阿部定事件だ。

号外、号外！　愚民化バンザイ

「……仲居であった阿部定が一九三六年五月一八日に東京市荒川区尾久の待合で、性交中に愛人の男性を扼殺《やくさつ》し、局部を切り取った事件」（『ウィキペディア』）

二・二六から三カ月弱。まさに、事件を忘れさせるためには、格好の〝エサ〟だ。

ここでも、マスコミは、この猟奇譚を煽りに煽った。

こうして、わずか三カ月前の国家の一大事二・二六事件の記憶も話題も、消し飛んだ。

「……事件の猟奇性ゆえに、事件発覚後、および阿部定逮捕後に号外が出されるなど、当時の庶民の興味を強く惹いた事件である」（同）

はっきり言ってしまえば、巷によくある痴情

尾久待合のグロ殺人
流連七日目の朝の惨劇
妖艶・夜會髷の年増美人
四十男を殺して消ゆ
變態！急所を切取り敷布と脚に
謎の血文字「定吉二人キリ」

くだらぬ痴情事件で号外連発！　これが新聞の大衆洗脳だ

絡みの殺人事件。ただ、女が殺した男の陰部を切り取って持って逃げた……というくだりが庶民大衆の好奇心を捉えた。

しかし、考えてみたら、下らない話だ。それより、軍部の満州事変でっちあげ。二・二六の若手将校の義憤……などのほうがよほど重要だ。

いずれも国家の命運に関わる重大事だ。それは、自らの命、家族の命運にも関わる。

愛人のペニスをちょん切って逃げた女。まさに、下らない下世話の極致だ。

しかし、〝洗脳〟報道は恐ろしい。事件発覚で号外。女逮捕でまた号外……。

〝闇勢力〟の大衆操作の意図は丸見えだ。これは肉弾三勇士の狂騒とまったく同じ。

それに気づかぬ日本人……。まさに、民度の低さ（頭の悪さ）は、保育園児なみだ。

「ワクチン」から「台湾有事」……覚悟せよ

ススキノ〝首切り〟事件

二〇二三年、暑い夏。札幌ススキノ事件が日本中の話題を独占した。

若い女性がラブホテルで初老男性を殺害、その頭部を持ち帰った、という。一瞬で阿部定事件を想起した。勝るとも劣らぬ猟奇事件。さらに、女の父親が精神科医で、母親共々、事件に関与していたとして三人が逮捕されている。まさに事件の謎は謎を呼ぶ。巷の話題は、この〝首切り〟事件で持ち切りとなった。

軍部が大陸侵略に暴走してから九〇年近い年月がすぎた。あのときは〝チン切り〟だ。今度は〝首切り〟。まさに、歴史はくり返す。

思えば、〝闇勢力〟のやり方は、年々、荒っぽくなってきた。

コロナ偽パンデミックがそうだ。生物兵器の新型コロナウイルスをばらまき、世界中を虚妄と謀略の黒い渦に巻き込んだ。〝かれら〟の目的は、大量殺人ワクチンでの皆殺し。地球人口を一〇億人まで減らす。七〇億人以上を殺す。これは大変だ。それで、日本人の接種率は世界最悪八五％超え。七回、八回……死ぬまで打ちます。とどめのワクチン……。

次には「台湾有事」が控えている。

アメリカ潜水艦が台湾と沖縄の米軍基地をミサイル攻撃。米兵や自衛隊員を一〇〇人位、殺して「……遂に中国が暴発。第三次大戦を仕掛けてきた」とメディアで大々的に煽る。岸田首相は緊急閣議召集。「国家存亡の緊急事態」「憲法一時停止やむなし」と発表。陸海空の自衛隊は緊急出動で派兵される。まさに、アレヨアレヨである。
肉弾三勇士、阿部定事件を想起せよ。今また歴史は、くり返される。

第2章

究極〝洗脳〟とは、人間否定の黒魔術だ！

――宗教戦争、共産主義、カルト、ＭＫウルトラ……

「異教徒はゴイム（獣）」ユダヤ教の恐るべき悪魔性

〝ヤハウェー〟による選民思想

宗教の呪縛は、それを信奉する民族を呪縛する。

ユダヤ教聖典タルムードには「異教徒は〝ゴイム（獣）〟である」と明記されている。

それはユダヤ教徒の唯一神〝ヤハウェー〟が定めているものという。

つまり、ユダヤ教徒以外は人間でない!?　なんという手前勝手な教えだろう。

ユダヤ教徒は人間で、それ意外はケダモノである。これほど傲慢な選民思想はない。

そして、このユダヤ教徒たちが、〝闇の勢力〟の中枢を独占しているのだ。
(1)イルミナティ、(2)フリーメイソン、(3)ＤＳ……。
中心を支配するのは、まぎれもないユダヤ勢力なのだ。

〝かれら〟は数千年の歴史を経て、今もなお世界をあらゆる分野において闇支配している。

自分たちの宗教以外を信じる者は、人間ではない……。

われわれ日本人からすれば、あいた口がふさがらない。傲慢無比も極まれり。

しかし、ユダヤ教徒は自分たちは、絶対神に選ばれた民である、と信じている。

この選民意識がユダヤ民族の不寛容（イントレランス）の根源となっている。

さらに彼らの優生思想の根源ともなっている。

滑稽の極み「モーゼ一〇戒」

ユダヤ人は、かつてヘブライ人と呼ばれていた。

中東のカナンの地で暮らしていた彼らは、エジプトに捕囚され、奴隷としてピラミッド建設に従事させられていた。約三〇〇〇年を経て、指導者モーゼが呼びかけた。

「故郷のカナンの地に戻ろう！」

それに夥しい数のヘブライ人が従った（『出エジプト記』）。

艱難《かんなん》を経てようやく故郷にたどり着いた。しかし、カナンの地には、異教徒たちが住んでいた。当然である。

ヘブライ人たちは言った。

「出て行け！　ここは父祖の地、カナンだ」

異教徒たちは驚いて尋ねた。

「いつ頃、住んでおられたのか?」

「三〇〇〇年前だ」

こうなると喜劇かコントだ。現代の不動産法を引くまでもなく、かれらの居住権は喪失している。なのに、ヘブライ人は異教徒を皆殺しにする勢いで殺戮、強奪をくり返し、カナンの地を〝奪還〟〝解放〟したのだ。

有名な「モーゼ一〇戒」には、こう銘記されている。

「盗むなかれ」「殺すなかれ」「他人の家を欲しがるな」……。

しかし、モーゼたちは、カナンの地に住んでいた人々から「土地を盗み」「殺しまくり」「家から追い出した」のだ。

こうなると、もはや喜劇である。腹を抱えて、笑うしかない。

宗教の呪縛（洗脳）とは、いかに滑稽であるかがわかる。

パレスチナ人は皆殺しだ

ユダヤ民族の選民思想は、お笑いではすまない。

シオニズムとは一九世紀末に生じたユダヤの建国思想である。国無きユダヤの民に「故郷に祖国イスラエルを建国しよう!」とシオニズムのリーダーらが呼びかけた。そこで、かれらが目指したのが、またもやカナンの地である。

当然、そこにはパレスチナ人が平和に暮らしていた。

すると、戦車と機関銃で重武装したイスラエル兵たちは、かれらに銃を突きつけた。

「ここは、われわれ父祖の地だ。出て行け！」

パレスチナの人々は、困惑して尋ねた。

「いったい、いつ頃住んでいたのですか？」

「三〇〇〇年前だ」

まさに、歴史はくり返す。今度は、モーゼのときより凄い。不在期間が一〇倍だ。

「それは、無理ですよ」

パレスチナ人があきれ返ったのは、言うまでもない。

すると機関銃が一斉に火を噴いた。立ち退き拒否したパレスチナ人は、皆殺しにされた。

もう一度言おう。

「モーゼ一〇戒」はこう厳しく戒めている。

「殺すなかれ」「盗むなかれ」「他者の家を欲しがるな」。

イエスの愛は、釈迦の慈悲ではないか？

少年イエス、インドに渡る？

キリスト教で信用できるのは、イエスの「山上の垂訓」のみである。

「汝《なんじ》殺すなかれ」「汝の敵を愛せ」「貧しき人は幸いである」……。

これらは、まさに心理学の奥義を踏まえた発言である。感服に堪えない。

一説には、イエスは少年期に隊商の列にまぎれ、はるかインドに旅している。

そこで仏教に出会い、釈迦の教えに感得する。修行を重ねたイエスは、やがて仏教の高僧となり、人々を救った。しかし、旧教であるバラモン教徒の嫉妬を買い、ヒマラヤ山麓に逃れる。そこで、ヨガの行者に出会い、ヨギとして修行を重ねる。三十路となった彼は、望郷の念が募り故郷エルサレムの地に戻る。しかし、そこでは人心は乱れ、疫病が蔓延し、人々は貧苦にあえいでいた。そこで仏教で修めた慈悲を説き、ヨガで習得した気功で病を癒やした。

すると「救い人が現れた」と近在に噂が噂を呼び、数千人もの人々が、救いを求めて集まった。イエスはこれらの人々に対して、救済の説法を行った。

それが「山上の垂訓」である。

若き外国僧の記録『ISSA伝』

なぜ、このように若きイエスの人生を再現できるのか？

じつは、インドで古い仏典が発見されている。それは『ISSA《イッサ》伝』というタイトル。

そこにある記述の内容は、〝ISSA〟という外国から来た若い僧侶が、高僧となり人々を救った……というものだった。その後の数奇な運命にも記述があり、研究者の間で「〝ISSA〟とは若きイエスのことではないか？」という説が提唱されている、という。

以上の内容は英国BBCが放映している。

それほど、ある意味、説得性に満ちた胸躍るエピソードである。

むろん、この仮説は一般キリスト教徒には受け入れ難いだろう。

イエスの教えのルーツが釈迦にあった！　つまりキリスト教の母体は仏教ということになる。実際、イエスの「山上の垂訓」や、後の説法を検証すると、まさに釈迦の教えそのものだ。イエスの説く「愛」は、釈迦の説く「慈悲」とまったく同じ。絶対「愛」なのだ。

「殺すなかれ」という戒めは、釈迦の「殺生戒」に通じる。

十字軍、真の目的は、イスラム圏の虐殺と略奪だ

イエスと真逆の残虐行為

キリスト教の暴虐性と悪魔性が牙を剝いたのが十字軍だ。

「……十字軍とは、中世に西欧カトリック諸国が、聖地エルサレムをイスラム諸国から奪還することを目的に派遣した遠征軍のことである」（『ウィキペディア』）

それは、一〇九六年から開始され、一三〇三年まで、約二〇〇年間に、七回の派兵が行われた。

派遣地図を見ると、陸路、海路により極めて大掛かりな遠征だったことがわかる。

これもイエス・キリストの教えには完全に背《そむ》く暴挙だ。

「汝殺すなかれ」「奪うなかれ」「敵を愛せよ」

つまりは、十字軍そのものが、これらに背く背教者たちである。しかし、欧州全土のキ

リスト教国から、意気揚々と戦士たちはキリストの名を唱え、神の名を叫び、遠征軍に参加したのである。イエスが、この場に生きていたなら、頭を抱えて失神しただろう。

参加騎士には罪を免罪とした

この表向きは「聖地奪還」と一見崇高に聞こえる十字軍も、発端は生臭い政治劇から始まっている。一一世紀、トルコ系イスラム王朝が東ローマ帝国を脅かしていた。

そこで東ローマ皇帝は、ローマ教皇に援軍を要請。当時、東ローマ帝国は、皇帝と教皇の間で、権力争いの真っ最中だった。そこで、ローマ教皇は、みずからの権力を誇示するために「われわれの聖地エルサレムを奪還するのだ」と、全ヨーロッパに十字軍への参加を要請した。

エルサレムは、キリスト教の創始者イエスが伝導し、磔《はりつけ》の刑となった後に復活したとされる聖地だ。他方でイスラム教にとっても、創始者ムハンマドが一夜にして昇天した聖地でもある。どちらの宗教にとっても聖なる地。だから、十字軍が聖地奪還を唱えて攻めてくれば、イスラム側は「聖地死守」で守りぬく。それは、初めからわかりきっていたことだ。

なのに、なぜローマ教皇は、幾度も「聖地奪還」を唱え、欧州諸国は十字軍派兵を呼びかけたのか？

それは、欧州全土の民衆の注目を教皇自身に集め、自らの権力を誇示するためだ。

さらに、教皇は十字軍の参加者には、異例の「免償」（罪償の免除）を付与したことも、騎士たちの参加意欲をかき立てた。ここに、すでに後の「免罪符」の臭いがしてくる。結論を言おう。

「聖地奪還」は大義名分。七回にもわたる軍事派兵は、東方イスラム圏への領土的野心そのものだ。

しかし、イスラム側の徹底抗戦で目論見ははずれ七回の遠征は徒労に帰したのである。

「愛」を説くキリスト教にも〝悪魔〟が潜む

パウロの〝回心〟への疑問

このように、イエスの後に成立したキリスト教には、危うさを感じる。

イエスの言行録をまとめて、『新約聖書』の礎《いしずえ》を築いたのはパウロといわれる。

そのパウロはイエス一二使徒にも含まれない。彼は、もともとユダヤ原理主義者で、キリストを弾圧する側の人間だった。つまり、弟子たちを殺し、キリストをはりつけにした。その残虐冷酷なパウロは、亡きキリストの声を聞いて回心した、と伝えられる。これが、いわゆる「パウロの回心」である。

しかし、もともと殺戮者だ。どこまで純粋を保てたか、疑問だ。

さらに、イエスを弾圧したユダヤ教は、なんとイエスの人気に便乗してしまった。

『旧約聖書』『新約聖書』の存在がすべてを物語る。

つまり、唯一神〝ヤハウェー〟は、〝ゴッド〟に名称変更した。

同時にユダヤ教に潜む〝悪魔性〟も、キリスト教に潜み込んだのだ。

呆れた霊感商法「免罪符」

その好例が「免罪符」発行だ。カソリック教団は、バチカンの聖ピエトロ寺院建立資金を全世界から徴収するため各地の司祭に「免罪符」の発行を推奨した。

つまり、この御札を買えば、現世の罪は贖《あがな》える。なんとも、体のいい〝霊感商法〟だ。

早く言えば、神をかたった詐欺犯罪だ。

これに、ドイツの若き熱血修道士マルチン・ルッターが異議を唱えた。

マルチン・ルッター

「信仰は金で買えるのか？」

公開質問をカソリック中央に投げつけた。有名な「九五カ条の論題」だ。バチカンは返答に窮した。そして、ルッターを支持する国々が次々に現れた。これには背景がある。カソリック信者の頂点に立つバチカンには、世界中のカソリック教会から膨大な献金が集まっていた。これを不満とする王国、豪族などが、ルッター支持の旗色を鮮明にした。かくして、欧州は旧教支持と新教支持に二分されてしまった。

旧教と新教が欧州全土を血で染めた宗教戦争

三〇年、八〇〇万人超が犠牲に……

そうして、ついに双方は戦争の火蓋を切ったのだ。

これが、世にいう宗教戦争である。同じキリスト教国同士が、「古い」か、「新しい」か、その違いだけで、血で血を洗う殺戮地獄に墜ちていったのだ。

わたしは著書『「波動医学」と宗教改革』（ヒカルランド）で、こう書いた。

「……旧教vs新教、死屍累々《ししるいるい》……三〇年戦争の地獄図」

船瀬俊介
諸行無常――
波動の響きが
心身を癒す
「波動医学」と宗教改革
めざめよ！仏教、神道、キリスト教
「神」とは「宇宙」である
「悟り」とは「宇宙」との合一である
「宗教」とは「病気」「苦悩」の救済である
「波動」とは「万物」の「実相」「変化」である

思い出すだけで気分が悪くなる。旧教勢力は、新教徒を見つけると情け容赦なく火炙りにした。新教徒は、それに必死で抵抗した。そこから〝プロテスタント〟（抵抗者）と呼ばれるようになった。

その憎悪と虐殺は、なんと三〇年も続き、欧州全土を血と憎しみで染めたのだ。

悪魔たちの高笑いが残った

「……一六一八年から一六四八年の間に、中央ヨーロッパを中心に争われた宗教戦争は、欧州全土に拡大していった。とりわけ、激戦区となり、八〇〇万人以上が犠牲になったドイツでは、全人口の二〇％が犠牲になった。五人に一人が宗教対立の争いで殺戮されたの

だ。ただ無残、無慈悲というしかない」（同書）

疲弊しきった欧州諸国は、一六四八年、ウェストファリア条約で、ようやく戦争を終焉させた。振り返れば、ただ憎悪と死骸の山脈を築いただけ……。何処にも勝利者はおらず、ただただ、呪いと悔恨と呻《うめ》きが欧州全土を覆い尽くしたのだ。

ここにおいて、キリスト教は完全に死んだ。

残ったのは地獄と化したヨーロッパの山野に渡る悪魔たちの高笑いのみである。

異端審問は共産党の査問に引き継がれた

異教徒は人間ではない

キリスト教は「罪を許す」寛容な宗教と思われている。

それは誤解だ。宗教戦争を見れば、その不寛容は悪魔的だ。

同じキリスト教同士で殺し合い、八〇〇万人も殺害したのだ。

キリストの説く愛など、とっくの昔にふっ飛んでいる。その不寛容さのルーツはユダヤ教にある。異教徒を〝ゴイム（獣）〟と蔑む。そこには、一切の容赦はない。

その不寛容な残虐さはキリスト教に受け継がれた。異教徒は人間ではない。

だから旧教の迫害を逃れて新大陸に渡った清教徒（ピューリタン）たちは左手に聖書、右手にウィンチェスター銃で先住民インディアンに立ち向かったのだ。

そして、インディアンを殺戮しまくり、北米大陸を奪った。

英国はやはりオーストラリアの先住民アボリジニを皆殺しにして豪州を奪った。スペインのピサロらは南米インディオを虐殺し、南米大陸を奪った。共通するのは異教徒を人間と見なしていないこと。

その証拠に太平洋戦争で日本に勝利したアメリカ大統領トルーマンは「この国のサルどもを3S政策で堕落させ、永遠に支配する」と宣言している。

魔女は火炙りで殺す

同様に苛烈な弾圧は、魔女狩りにも発揮された。

普通より変わった能力のある人間は「悪魔が乗り移っている」と指弾された。

そうして魔女と判断され烙印を捺《お》された人間の末路は悲惨だ。

民衆の前で罵りの言葉と共に火炙りの刑で見せ物にされたのだ。

ここでキリスト教徒が用いたのが異端審問だ。
「キリストを信じるか？　信じないか？」
怪しい素振りを見せると、たちまち〝異教徒〟か〝魔女〟の烙印を捺された。
この審問では拷問も多用された。地獄の苦しみを与えて「魔女です」と自白させる。
もはや、サディズムの極致。キリストの愛と寛容など、どこにも見当たらない。
まさに、キリスト教の説く神は、とっくの昔に悪魔にすり替えられている。

共産主義はイルミナティの国家破壊ダイナマイト

異端審問と査問委員会

この異端審問を、そのまま引き継いだのが共産党の査問委員会だ。
やはり、「マルクスを信じるか？」「革命に命をささげるか？」。
まさに、神がマルクスに代わっただけ。キリスト教が革命に代わっただけ。
そうして、査問で〝反革命〟の烙印を捺されると悲劇が待っている。

強制労働、矯正学習……などなど。まさに、革命思想を植え込まれる。

これぞ、立派な〝洗脳〟である。

わたしは『世界をだました5人の学者』（ヒカルランド）で、カール・マルクスを筆頭で断罪した。その罪状は「ロスチャイルド工作員として人類を〝革命思想〟で〝洗脳〟した罪」。

この事実に、左翼陣営は、唖然として返す言葉もないはずだ。

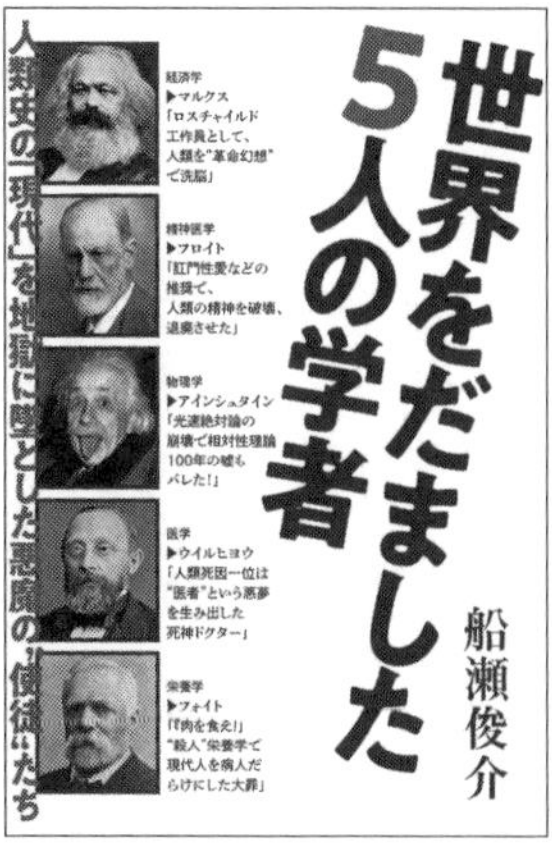

ロスチャイルドの共産主義

「共産主義インターナショナル」といえば、国際共産主義運動の司令本部だ。

しかし、結成された当初は、構成員はわずか三人だった。マルクスと、詩人ハイネ、そして、三人目がライオネル・ロスチャイルド。当時でも欧州随一の資本家だ。

共産主義とは「労働者を搾取して肥え太った資本家を殲滅《せんめつ》し、富を奪還し、労働者が独裁する地球社会を創る」。これが根本イデオロギーだ。

そんな共産主義確立を目指す組織中枢に、欧州一の資本家が参加している。

というより主宰している。マルクスらが打倒すべき相手は、まさにこのロスチャイルドだった。

なのに、ロスチャイルドが共産主義を支援している、というより主導している。

貧乏で無名の物書きだったマルクスは、ただ看板として利用されただけ。

国際共産主義運動の立役者はロスチャイルドだった。

共産圏VS自由圏で地球二分！　冷戦でボロ儲け

世界征服二五箇条の戦略

そして、先代マイヤー・アムシェル・ロスチャイルドは、一七七三年、三〇才の若さで「地球を支配し統一政府を樹立する」と宣言している。

さらに、そのための「世界征服計画」二五カ条を採択している。そこで、〝ゴイム（獣）〟たちの国家、土地、財産、権利、知識などすべてを奪う、と宣言している。まさに新世界秩序（ＮＷＯ）そのものだ。ここで、ロスチャイルドが設立した共産主義の真の目的が明白となる。

それは、〝ゴイム（獣）〟たちの国家を破壊するダイナマイト。それだけ……。

だから、マルクスに書かせた『共産党宣言』や『資本論』などは、目くらましだ。

ロスチャイルドは共産主義革命を起こす気持ちなど毛頭なかった。

ただ、マルクスで〝洗脳〟された単細胞な連中が〝共産主義圏〟を創ることはよしとしていた。世界を共産主義と資本主義で二分する。この東西対立で地球を分割する。

まさに冷戦構造だ。そうすれば、両陣営ともにイデオロギー対立が軍事対立を生む。

それは、軍拡競争を過熱させる。東西両陣営に多量の兵器を売りつけることができる。

まさに、〝素晴らしい〟目のくらむような市場創造だ。

二次大戦ノルマは一億人削減

東西冷戦も、このように仕組まれたものだった。

その証拠に、敵対関係にあったはずの米ソは、裏で緊密な交流をしていた。

それが、北極ルートだ。双方の学者などはパスポートなしで往来していた。

表向きは冷戦。しかし、裏では、お仲間同士だった。これは、第二次大戦にもいえる。

ルーズベルト、チャーチル、スターリン、マッカーサー、トルーマン……皆フリーメイソンのお仲間同士。だから、第二次大戦はいわばプロレス興行と同じだった。悪役を演じたのは、英国スパイ養成機関で訓練を受けたヒトラー。まさに、計画されたシナリオどおりに、第二次大戦の戦火は世界中に拡大したのだ。

第一の目的は、人口削減だ。この大戦のノルマは人口一億人の削減だった。

第二の目的は、兵器と金融によるボロ儲けだ。

全世界の国々が戦争に集中したために、兵器と金融の両市場には、気の遠くなるほどの金が怒濤のように雪崩《なだ》れ込んだ。

そして――。戦争終結後も、〝かれら〟は朝鮮戦争、ベトナム戦争、9・11偽テロ、中東戦争……と、市場開拓には余念がない。

二〇二三年、来期の大統領選挙へ出馬表明したロバート・ケネディ・ジュニアは断言している。

「私の伯父（ＪＦＫ）と父を暗殺したのはＣＩＡだ」「伯父が暗殺されたのはベトナム撤兵を決めたからだ」

大衆操作術は「恐怖」「PRS技法」「飛び石方式」

まず〝恐怖〟で平伏させろ

すでに述べたように、地球は〝闇の勢力〟に支配されてきた。

(1)イルミナティ、(2)フリーメイソン、(3)DSの三重支配だ。

〝かれら〟にとって、最大の武器——。それが、〝洗脳〟なのだ。

英国の歴史批評家デーヴィッド・アイク氏は、彼らの存在に肉薄している。

そして、その〝洗脳〟技術を暴いている。

「……大衆操作ゲームの全貌を知る上で、理解しておかなくてはならないテクニックが二つある」という。それは——。

(1)「PRS技法」、(2)「飛び石方式」

これらは、悪魔勢力が、その〝アジェンダ〟（計画）を推進するために、数千年も使ってきた〝洗脳〟技術という。

〝かれら〟が人類支配の〝洗脳〟で最初に用いたのが〝恐怖〟だ。
〝恐怖〟を与えれば、人間はパニックになり、権力者にすがる。
だから、民衆支配の要諦は、民衆を〝恐怖〟で脅かし、平伏させることだ。

脅かし、反応させ、誘導する

（1）（2）は、「……〝恐怖〟と併せて、いまなおイルミナティのもっとも効果的な武器である」（デーヴィッド・アイク氏）

（1）「PRS技法」：「……自由を奪う。戦争を始める。支配を進める。こういう提案を、おおっぴらにやれば、大衆が反発するのもあたりまえ。そこで、『PRS』の登場だ。『問題』（プロブレム）⬇『反応』（レスポンス）、『解決』⬇（ソリューション）の手法が使われる」（アイク氏）

それは、どういうテクニックか？

「ある『問題』をでっちあげ、……〝解決〟が必要だ！　と大衆に思わせるのだ」（アイク氏）

（1）「問題」を捏造：▼国が攻めてくる。▼政府が財政破綻。▼爆弾テロ発生。
（2）「反応」を見る：▼事件背景を断定。▼大衆を焦らせる。▼何か手立てを！

（3）「解決」を示す：▼これが解決策だ！　▼邪魔を排除せよ。▼自由は剥奪する。

なるほど……。三段跳びで、大衆操作する。最後に狙いの〝毒針〟の登場となる。
先述の「台湾有事」がわかりやすい。
（1）「台湾有事」を捏造➡（2）「中国が攻めてくる」➡（3）「緊急事態だ！」
「……この手法を使えば、大衆の心を意のままに操り、正常な状況であれば、必死に抵抗するはずの彼らに、『どうか、そうしてくれ！』と要求させることができる」（アイク氏）
なるほど……。それが「PRS技法」か……。

EU捏造！「飛び石方式」

「PRS技法」と切り離せないのが「飛び石方式」だ。
「……大衆をある方向に動かそうとして、真意を伝えれば、やはり猛反発を食らう。そこで、狙う〝目的〟まで、〝小刻み〟に進むのだ。その一歩一歩を、互いに無関係のように見せるのだ。そして、ポタ、ポタ、ポタ……と水がたまっていく」（アイク氏）
まさに「飛び石方式」……。
小さな一歩が、不規則に続いていく。だから、大衆には、その行く先がわからない。

アイク氏は、この「方式」の成功例として、ＥＵ（欧州連合）の成立をあげる。

「……この手法が、もっともわかりやすい形で利用されたのが、いまやＥＵ（欧州連合）、として知られるファシスト超大国だ」

初めから、ある政治家が「集権超大国を造ろう！」と提案したら、猛反発を食らっていただろう。

「……大衆は、自分たちは、そういう独裁からヨーロッパを守るためにヒトラーと戦ったのだから、別の独裁を受け入れない、と言ったはずだ。それを回避するため、イルミナティは『自由貿易圏』を提案した……」（アイク氏）

まさに、ステップ・バイ・ステップ……「飛び石方式」。

最終的に、イルミナティは完全支配可能な〝超大国〟ＥＵを完成したのだ。

ＣＩＡ〝洗脳〟実験〝ＭＫウルトラ〟！　悪魔の人間破壊

共産主義〝洗脳〟に対抗

世界最悪の〝洗脳〟作戦といえば、〝MKウルトラ〟をおいて他にない。

それは、邪悪という言葉ですら語り尽くせない。CIA（米中央情報局）は、自国の大統領ですら平然と暗殺してきた輩《やから》だ。そこには愛国心も良心のカケラすらもない。

つまりは悪魔に脳を乗っ取られた連中なのだ。

だから、身の毛もよだつマインド・コントロールなどもお手の物だ。

「……CIAは、戦後、ナチスの優秀な科学者を招聘《しょうへい》して、ロケット開発をはじめとする研究実験を行った。これが『ペーパークリップ作戦』だ。そして、朝鮮戦争において、中国軍が米兵捕虜を〝洗脳〟して共産主義を信じこませたことにCIAは注目。〝洗脳〟に特化した計画として始動したのが〝MKウルトラ〟だった」（『恐怖の洗脳ファイル』ダイアプレス）

キャメロン博士の恐怖実験

〝洗脳〟極秘プロジェクトは、一九五三年から六〇年代後半まで続行された。

当初の目的は、〝洗脳〟自体や、スパイ自白剤の開発だった。

しかし、研究は悪魔的な深みにはまり込んでいく。

「……やがては、人間の精神を意のままに操って殺人マシーンに変え、忠実な兵士として

戦争に利用したり、冷徹な暗殺者に仕立て上げたりする、といった邪悪な〝洗脳〟計画に発展していった」(同)

この計画に参加した一人の心理学者がいる。ドナルド・ユアン・キャメロン博士。

彼こそ、マッド・サイエンティストとして記録されるべき人物だろう。

博士はカナダに潜んで、〝MKウルトラ〟のさまざまな人体実験に没頭してきた。

彼は、まず、病的行動パターンを脳から消去することで、新たな行動パターンを植え付ける〝治療法〟を考案した。

手、目、耳、感覚を遮断

実験台に選んだのが統合失調症の患者だった。それも、本人の同意なしに実験を強行した。電気ショックをくり返す。LSDなど幻覚剤を定期的に投与。感覚遮断や強制睡眠も試みた。さらには、同じ音声のテープレコーダーを何時間もくり返し聞かせる。同意もなく、患者は、ベッドに縛り付けられて、このような〝拷問〟に等しい実験を受けたのだ。それも左の図のように、両手、目、耳を覆って感覚を完全に遮断され、小さな明かりが照らす薄暗い部屋で実験は行われた。

この状態で、薬物や電気ショックを与えて〝洗脳〟していくのだ。

正常な人間でも、このような状況におかれたら発狂するだろう。

だから──実験結果は惨澹《さんたん》たるものだった。

被験者の多くが記憶喪失などの被害に見舞われた。

さらに、人格消滅など深刻な被害の例も多発した。

「症状」は改善どころか悪化させた例もある。

「……記憶喪失にさせられたリンダ・マクドナルドさんは、実験によって完全に記憶を消され、夫も子どものことも思い出せなくなった。それだけでなく、トイレの使い方までわからなくなった」（同）

このＭＫウルトラ〝洗脳〟実験は、人間性まで完全破壊したのだ。

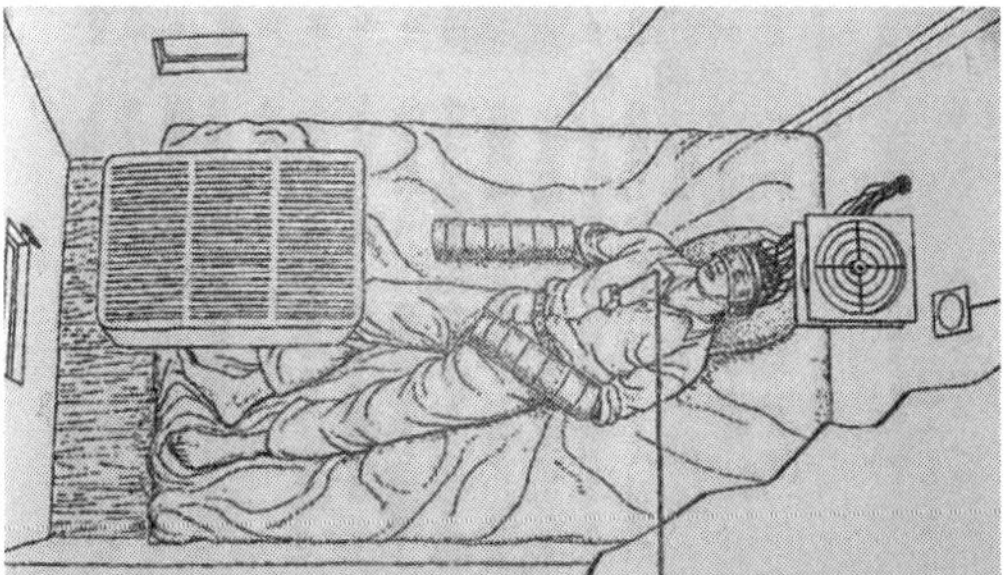

『恐怖の洗脳ファイル』より

暗殺、集団自殺、オウム事件と〝ＭＫウルトラ〟

暗殺事件と〝ＭＫウルトラ〟

このように被験者たちに深刻な被害が多発したため、〝ＭＫウルトラ〟実験は打ち切られ、一九六三年から〝ＭＫサーチ〟と改名された。

しかし、これで一件落着とはならなかった。同意なく実験を強制され、被害を受けた人たちが裁判に訴えたのだ。そうして、多くの人たちが勝訴を勝ち取っている。

それほど、〝ＭＫウルトラ〟が人権を無視したものだったのだ。

そして、この〝洗脳〟実験の闇は、さらに深い。

というのも、ケネディ暗殺やジョン・レノン暗殺など相次ぐ要人・著名人暗殺事件の背景に〝ＭＫウルトラ〟の存在がささやかれているのだ。

ＣＩＡの極秘目的が命令に忠実なヒットマンの養成であったことを、忘れてはならない。

じっさい同様の〝暗殺者〟養成プロジェクトを描いたハリウッド映画もある。『ボーン・

アイデンティティ』というマット・デイモン主演のアクション映画でシリーズ化されている。主題は、人間を暗殺マシーンに改造するCIAの〝MKウルトラ〟極秘計画の告発だ。

一〇〇〇人集団自殺の衝撃

このように〝MKウルトラ〟の闇はいまだ深い。

公表されたのは一部の情報だけではないのか？　〝洗脳〟プロジェクトは、ある意味で成功しており、極秘裏にアメリカ政府により〝応用〟されているはずだ。

「……一九七八年、ガイアナで起きたカルト教団『人民寺院』信者の集団自殺事件。一〇〇〇人近くにものぼるおびただしい死体の山の映像は、全世界を震撼させた。じつは、この集団自殺もCIAによる壮大な心理実験であった、という陰謀説がある。人民寺院にCIA（米中央情報局）のスパイを送り込み、教祖ジム・ジョーンズが発狂するように仕組んだ、という」（『恐怖の洗脳ファイル』前出）

さらに、カルト教団として「サリン」という超猛毒を使った地下鉄でのテロで、一三人を殺し、六二〇〇人以上に重軽傷を負わせるなどした「オウム真理教」の一連の事件。この教団も、信者の〝洗脳〟に〝MKウルトラ〟の手法を用いていたことが判明している。

悪魔の〝洗脳〟は、姿や形を変えて、今も、あなたのそばに忍び寄っている。

第3章

歴史の闇〝フリーメイソン〟〝イルミナティ〟

――人類（ゴイム）を家畜とし新世界秩序（ＮＷＯ）を建設せよ

われわれは見えない〝悪魔の刑務所〟の囚人だ

見よ！　悪魔の『洗脳魔術体系』

「……〝かれら〟は、どこにでもいる。テレビ、雑誌や大手広告などにも潜んでいる」

歴史家テックス・マーズ氏は警告する。

ここでいう〝かれら〟とは国際秘密結社〝フリーメイソン〟〝イルミナティ〟を指す。

その存在は、目に見えない。しかし「……ときには、潜在意識に、ときにはストレートに、ときには挑発的に」あなたの身の回りに潜んでいる。

しかし、〝かれら〟は身を隠しているだけではない。ときとして、みずからの存在を暗示し、あるいは誇示している。

「……不思議なシンボル、サイン、魔力、そして握手で、われわれをマインド・コントロールする。〝かれら〟は悪魔の陰謀の重要な鍵を握り、わたしたちに全力で働きかける」。

（同）このテックス・マーズ氏の著書『フリーメイソン・イルミナティの洗脳魔術体系』（ヒカルランド）は、絶対必読書だ。

本の惹句《じゃっく》は「ますます世界に浸潤するかのように見える秘密結社の超巨大ＰＯＷＥＲ。その秘密の源泉を豊富な写真・図解で丸裸にする（以下略）」

地獄直営の〝サタン独裁刑務所〟

「……〝悪魔の陰謀〟が、成功するのは、ひとびとが、『こんな巨大で、とてつもない、恐ろしい〝陰謀〟が存在するはずがない』と信じようとしない、それだけの理由である」（同書）

ひとびとは、日々の平安を望む。それは、不安と緊張のない日常だ。

だから、怖いものには、目をふさぐ、耳をふさぐ、口をふさぐ……。

しかし、この世は競争、論争、闘争に満ちている。

「……商品の売り込み、不品行、暴力など。それらは偶然ではない。基本的には〝意図的に押しつけられている〟。〝かれら〟のトップに立つ人たちは、私たちを気づかれることな

フリーメーソン・イルミナティの洗脳魔術体系
そのシンボル・サイン・儀礼そして使われ方
テックス・マーズ
Texe Marrs
宮城ジョージ訳
CODEX MAGICA
ますます世界に浸潤するかのように見える秘密結社の
超巨大POWER
その秘密の源泉を豊富な写真・図解で丸裸にするかつてなき図解大全!

く、肉体的に、精神的にごまかしている。〝かれら〟は、自分たちだけが操《あやつ》ることができる巨大な〝刑務所〟をもっている。これこそが新世界秩序（ＮＷＯ：ニュー・ワールド・オーダー）である。われわれはその囚人だ」「地獄直営の〝サタン独裁刑務所〟は、真実である。われわれは、そこに投獄されている。週に七日間。二四時間体制。地獄から精神的〝毒〟を送り込んで、われわれの頭脳を支配している」（同書要約）

著者テックス・マーズ氏は、語りかける。

「……ほとんどのひとに理解するのは困難でしょう。身のまわりにあふれている悪質なプロパガンダに何十年にもわたって〝洗脳〟されてきたので、この現実を受け入れることができない。ほとんどは心理的マトリックス（檻）に閉じ込められている」「無意識で移動し、呼吸し、眠り、食べる。無反応、うつ状態……」（同）

われわれは、まず〝悪魔の刑務所〟の囚《とら》われ人であることに、気づくべきである。

〝偽物〟大国アメリカ…真実は隠されている

あなたは毎日だまされている

「……この世界は、あなたが見る夢のように、〝偽物〟で成り立っている。そして、アメリカは、おそらく世界でもっとも偽善が蔓延している国である。あなたが『存在する』と信じている世界は、実は現実には存在しない。われわれはマトリックス（仮想現実）のような世界に生きている。真実を知っているのは一部のエリート、銀行家や要人だけだ。あなたが、見て、聞いて、そして存在すると信じている宇宙人ですら、〝かれら〟によって描かれたものだ。そして、この腐敗から、われわれを〝保護〟しているのはメ、デ、ィ、ア、だ。われわれは、いつまでも騙《だま》されるわけにはいかない」（マーク・クリストファー著『大いなる失望』）

ここでいう「一部のエリート、銀行家、要人」たちこそが〝フリーメイソン〟であり〝イルミナティ〟なのだ。

「……『ニュース番組』は笑劇だ。あなたが見る経済情報も同じ。一部エリートが、あらかじめ用意したものだ。〝かれら〟は圧倒的な資金力にものを言わせ、メディアを支配している。あなたが毎日、テレビや新聞で見て、聞いている内容は、すべて創作されたものだ。だから、あなたは毎日〝だまされて〟生活しているのである」（同）

つまり、あなたの日常はつねに〝洗脳〟情報で満ちあふれている。

メイソンの邪悪な〝神〟サタン

「……〝フリーメイソン〟は、陰のメンバーを隠しながら表向きは友愛の団体を演じている。この友愛団体は、なぜそこまで〝謎の秘密〟を保護するのか？」（マンリー・ホール著『古代哲学講義』）

かれは、その偽善を暴く。

「……〝フリーメイソン〟は奥が深い。最大の秘密を知ることを許されるのは、〝陰のメンバー〟のみである」と、以下R・グーフィの言葉を引く。

「……エリートと呼ばれる人たちは、一般市民から、これら〝謎の秘密〟を守らなくてはならない。これら市民たちはたんなる〝羊〟なのだ。だから〝邪悪な秘密箱〟を〝羊〟から隠さなくてはならない」

そして、世界でもっとも従順な〝羊〟こそ、われらニッポン人なのだ。

〝邪悪な秘密箱〟の中身は、次のようなものだ。

「……メイソン会員たちに拝まれる、一般に知られていない〝神〟がいる。それはサタン（ルシファー）を指す。この邪悪な秘密こそ、〝イルミナティ〟が公の場から必死で守って

いる史上最悪の秘密である」（同）

最大の犠牲者はメイソン、イルミナティの会員たちだ

目隠し、首縄、裸足、胸に短剣

悪魔〝洗脳〟の最大の犠牲者は、皮肉なことに〝フリーメイソン〟〝イルミナティ〟のメンバーたちだ。

その入会儀式は、おぞましい。

かれらは、秘密厳守を誓わされる。そのとき「腹を割かれ、内臓を抜かれても、秘密は厳守する」と宣誓させられる。言い換えると、秘密を漏らした会員は惨殺される。

そして、その惨《むご》たらしい死を受け入れる、と誓うのだ。

入会儀式はロッジと呼ばれる集会所で行われる。

「……最初の三つの階級で、このような宣誓をさせられる。『〝フリーメイソン〟の秘密を常に封印します』『いかなる場合でも部外者には絶対に漏らさない』

■フリーメイソン"闇の支配者"のピラミッド

国家・民族を超越した「偉大なる建築師《GRAND ARCHITECT》」階層図

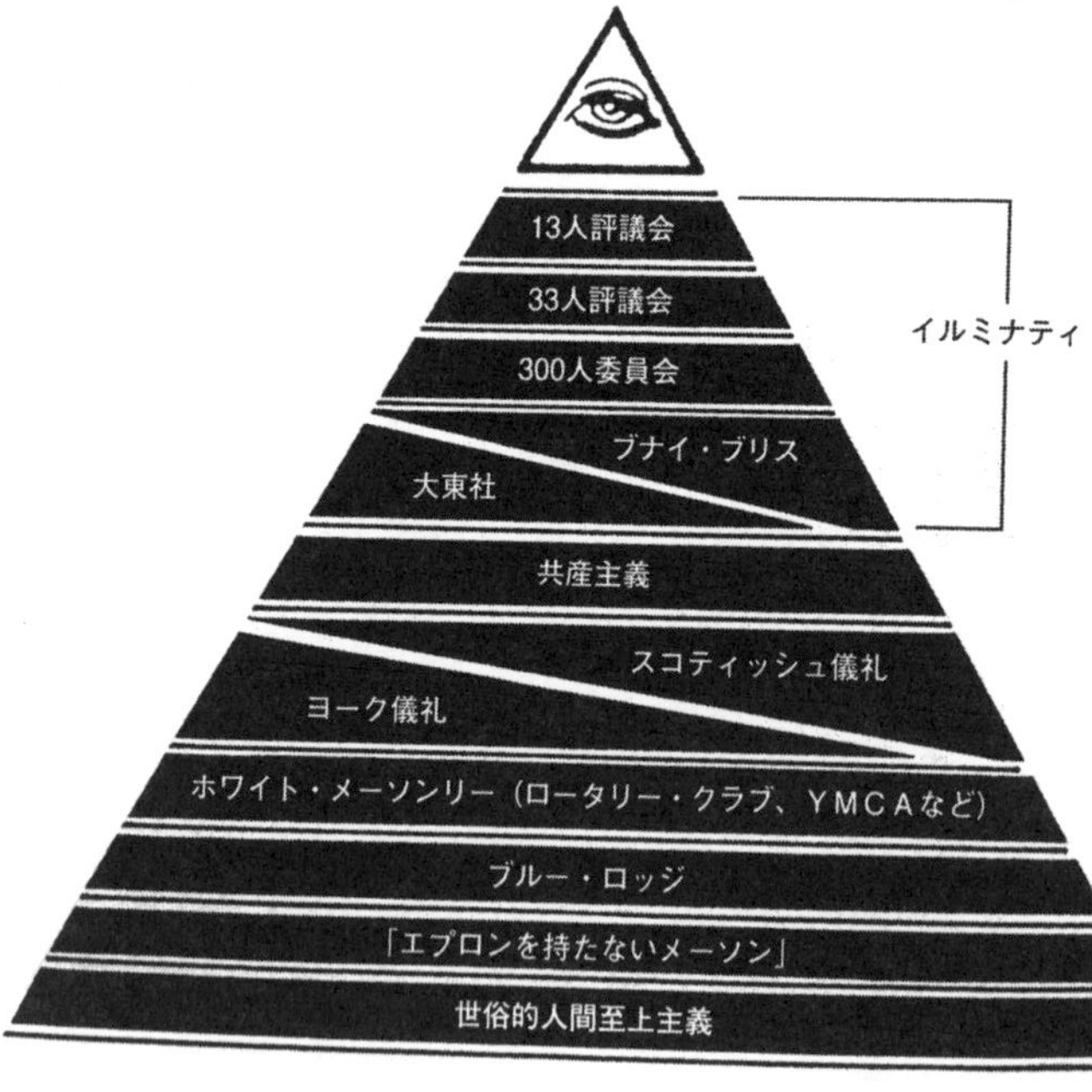

（出典『カナンの呪い』ユースタス・マリンズ著　成甲書房）

下の写真は、入会儀式のときに強制される格好だ。目隠しされ、首に縄をかけられる。服は片方が脱がされ胸はむき出しで、なぜかズボンは、片方をたくしあげられる。そして、足は裸足。なんとも惨めな姿というしかない。

これは、偽儀式と呼ばれる。

つまり〝愚か者候補〟であることを、意図的に偽儀式で教え込まれるのだ。

この儀式は、あくまで初級メイソン入会儀式だ。

〝フリーメイソン〟は三三位階ピラミッド構造をなしている。上位階に昇進するたびに、各々異なる偽儀式が準備されている。中には裸の胸に短剣を突きつけられ、黙秘の誓いをさせられるものもある。つまり、秘密を漏らしたら「刺し殺されてもかまわない」という誓いなのだ。なんとも不気味で気色悪い、と言うしかない。

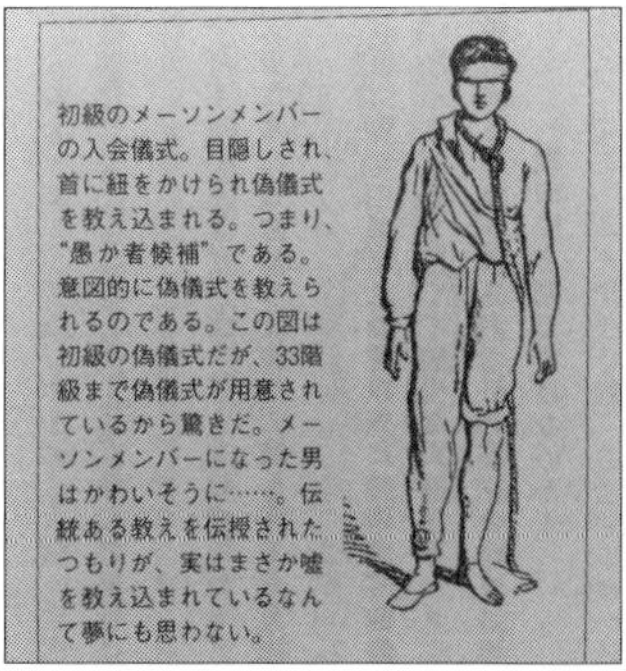
初級のメーソンメンバーの入会儀式。目隠しされ、首に紐をかけられ偽儀式を教え込まれる。つまり、“愚か者候補”である。意図的に偽儀式を教えられるのである。この図は初級の偽儀式だが、33階級まで偽儀式が用意されているから驚きだ。メーソンメンバーになった男はかわいそうに……。伝統ある教えを伝授されたつもりが、実はまさか嘘を教え込まれているなんて夢にも思わない。

入会式が〝洗脳〟そのものだ

メイソン会員と会ったことがある。船瀬塾の二次会、居酒屋。向かいに座った四〇前後のあごヒゲの男性が唐突に「ボクは〝フリーメイソン〟なんです」と〝自己紹介〟したのには、驚いた。頭は良さそうで物静かだ。三三位階の最上位に属する、という。会話はすべて英語だという。やはり、優秀なのだろう。子どもの頃から霊能力があった、という。だから、入会を誘われたのか。入会儀式で目隠しをするの？　と尋ねたら「ぼくもしました」「それは自分の無知を自覚するためです」などと言っていた。

不思議な自信を漂わせている。さすがはメイソンと、変なところで感心した。

しかし、どう言い訳しても、〝フリーメイソン〟〝イルミナティ〟の入会時に行われる「儀式」は、まさに〝洗脳儀式〟に他ならない。

しかし、皮肉である。人類を〝ゴイム（獣）〟と見下し支配しようとする秘密結社の入会式が、〝洗脳〟そのものなのだ。

――まさに、〝洗脳〟の連鎖である。

「飲血の儀式」生け贄となる子どもたち

幼子も儀式殺人の犠牲に

〝フリーメイソン〟、〝イルミナティ〟ともにユダヤ教をルーツとしている。

そして、構成員の中枢もユダヤ民族だ。ユダヤ教は、その経典に、異教徒を〝ゴイム（獣）〟と記している。これら国際秘密結社の〝非寛容〟（イントレランス）は、まさにユダヤ経典に発する。

「……イエスは、ユダヤ人を『儀式殺人を行う者』と言って公然と非難した。そして、また、幼い子どもらをユダヤ人の手から保護するよう戒めた」「非ユダヤ人がユダヤ人の儀式殺人を非難すると、常にユダヤは、その非ユダヤ人の殺害を公式に決定する。だから、イエスが儀式殺人を非難すると、シオンの長老団は集会を開き、イエスを磔刑《たっけい》にすることを決定したのである」（『真のユダヤ史』前出）

カバラ儀式の解説書には、こう銘記されている。

「……なお、野獣のごとき異邦人を殺戮《さつりく》するについての掟がある。この殺戮は（ユダヤ教の）戒律にのっとった方法で行われなければならない。ユダヤ教の戒律に帰依しない者たちを、高き〝神〟への犠牲にささげなければならない」

泣き叫ぶ幼児に短刀を刺す

以下は、気の弱い人は、注意して読んでほしい。

気分が悪くなったら、そこでやめてほしい。

「……ユダヤ人によるキリスト教徒の子どもの殺害は通常のばあい、重要な宿祭の期間中に行われる。たとえば、復活祭の一か月前に行われるユダヤ教のプリム祭や過越祭《すぎこし》のときである。ユダヤの戒律は、プリム祭の非ユダヤ人犠牲者は成人でもかまわないと規定している。ユダヤ人の祝日、プリム祭は、非ユダヤ人に対するユダヤの勝利を祝うものである」「過越祭の犠牲者は『七才以下の白人の子どもでなければならない』とする点で、ユダヤの戒律は極めて厳密である。子どもは蒼白になるまで血を流し、茨《いばら》の王冠を被《かぶ》せられ、拷問を受け、打擲《ちょうちゃく》され、短刀で突き刺され、最後に脇腹を突き刺されて、止どめを刺される。短刀はラビの手に握られて、キリストの磔刑を忠実に再現するよう、規定されている。キリストがユダヤ人を非難したように、ユダヤの本質に対してたとえ少数の非ユダヤ人が警戒を抱いたとしても、非難するそれらの者たちを殺すことによってユダヤ人は常に勝利を収《おさ》めることを、この復讐の儀式が再保証するのである」（『真のユダヤ史』前出）

ここまで読んで、あなたも血の気が引いたはずだ。

戦慄するのは〝イルミナティ〟中枢は、今でもこの幼児飲血儀式を行っていることだ。

新人は、短刀で泣き叫ぶ幼児を刺し殺すことを命じられる。

それを拒否すれば、次は自らが殺される。

まさに、この血の儀式により、〝かれら〟の黙約は貫徹されるのだ。

邪魔をする者は「殺しても」許される

会員を支配する〈印《サイン》〉と〈象徴《シンボル》〉

〝フリーメイソン〟や〝イルミナティ〟は入会すると、会員に秘密の〈印〉（サイン）や〈象徴〉（シンボル）を授《さず》ける。

これらには、独特な複数の意味が込められている。

「印」（サイン）は「霊的存在」を示し、「象徴」（シンボル）は「物質的存在」を表している。

「……邪悪な〝霊的な何か〟は、かれらによって封印されてきた。というより封印する必要があった。もしそこにスポットライトを当ててしまうと、〝かれら〟の活動はもちろんのこと、〝かれら〟の計画が、すべて失敗に終わってしまう。しかし、秘密によって強大な力が生まれる。〝フリーメイソン〟三三階級に属するフォスター・バレーは、こう述べている。『秘密にされた〈印《サイン》〉は、強大な力を生み、とてつもない効果を呼ぶ』。だから、こうした〈印〉を中心に置き、その数えきれない〈印〉の秘密を守ると誓った人間の生活は普通ではない。妄想の世界と化す。このような人間の精神状態は正常とはほど遠い。非常に危険なものである」（『フリーメイソン・イルミナティの洗脳魔術大系』前出）

言い換えると「頭の狂った」狂人であり「罪を犯した」罪人たちなのである。

自分は人間でなく〝神〟だ

「……〝フリーメイソン〟三三階級に所属していたチャールズ・リドビーターは、秘密結社で行われる儀式と悪魔崇拝は同一の行為であると認めた数少ないメイソン会員だ。三〇階級で行われる儀式では、『稲妻のように青いデーヴェ（ヒンドゥーの神）のような天使が現れるといい、三三階級の儀式では『人間の形をした巨大な白い二体の霊が降臨する』という。『われわれの霊的世界の王である。〝フリーメイソン〟ロッジの先頭に立つわれらの保護者だ。その力強い手からは、世界を惑わす偽りが放たれるのだ！』と、彼は言う」

（同）

まさに、完全にアッチに行っている。狂ってる。

「……〝イルミナティ〟のエリートは、自分自身を人間ではなく〝神〟だと思っている。〝かれら〟は反逆者であるのも事実だ。それは、全能の神に反乱する集団に巻き込まれた反逆者なのだ。だからか、自分たちは〝神〟的な存在だと妄想する。さて、いい年をした大人がここまで妄想に基づいた活動をする理由はいったい何だろう？」（同）

メイソンに「殺人は許される」

V・S・アルダーは一度、秘密結社の一員になると「自分は偉大だ」と意識するようになるという。

「……人間がこのレベルにたっすると……〝神〟に祈ったり、〝神〟に礼拝することを拒むようになる。なぜなら『自分が〝神〟になったことを知った』からだ」

「だから、何でもできる！」。いわゆる全能感だ。こうして〝かれら〟は高揚する。

「……自分たちが命がけで守ってきた〝イルミナティ〟の伝統や秘密を侵害しようとする者や、自分たちの目指す非常識な世界（新世界秩序：NWO）への道を妨げる者には容赦なく対処し、その命を奪うこともためらわない」（同）

なぜなら「″フリーメイソン″では、殺人は許されている」からだ。

「ライオンの握手」「懐手」

″かれら″は秘密結社に属する。船瀬塾二次会の居酒屋で会ったメイソン君は、堂々と「自分はメイソンだ」と名乗った。「秘密結社なのに自己紹介していいの？」と尋ねる。

「自分のことはいいんです。だけど、他の会員のことを漏らすのは絶対ダメです」

″フリーメイソン″同士が出会っても、お互いメイソン会員かどうか、わからない。

では――どうするか。

まず、″かれら″には特殊な握手がある。それで、相手の手を握った瞬間に「……ああ、メイソンだな」とわかる仕組みである。その仕組みを、″かれら″は「ライオンの握手」と呼ぶ。

さらに、みずからがメイソンであることを示す

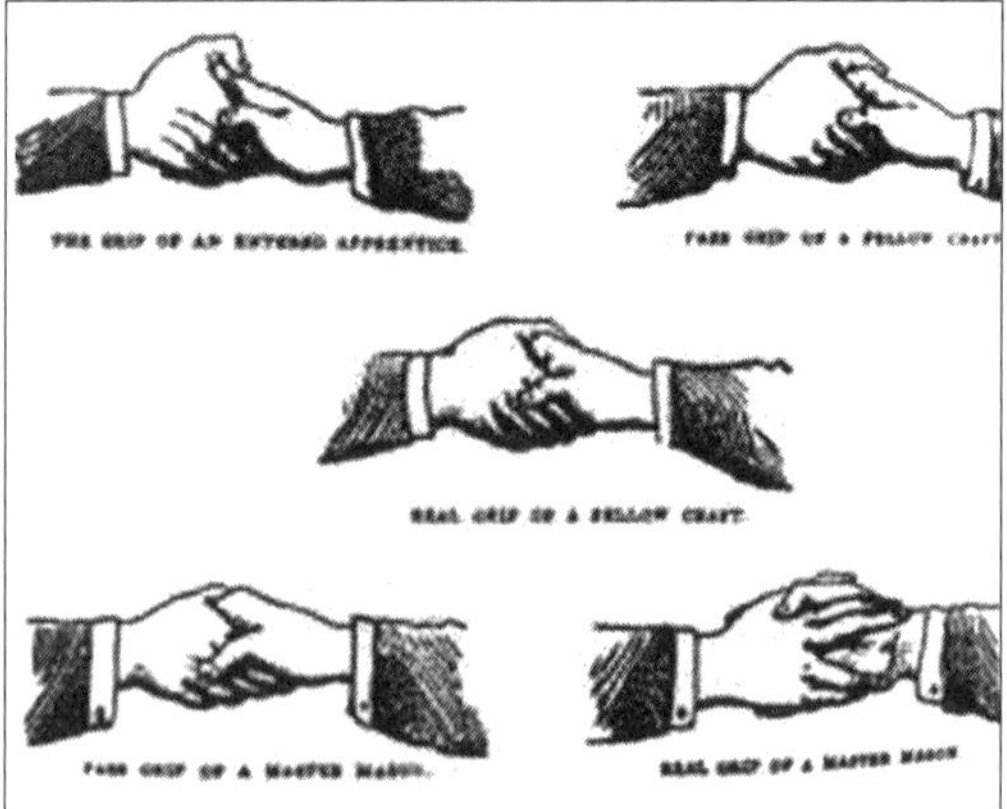

フリーメイソン独特の握手法。画面右下が「ライオンの握手」

〈印〉がある。

それが「懐手《ふところで》」だ。

有名なのはカール・マルクスの肖像写真だ。

彼を信奉する共産主義の方々には、まったくお気の毒だが、彼は〝イルミナティ〟の頭目ロスチャイルドの秘密工作員だった。わたしは『世界をだました5人の学者』（前出）で、彼の罪状を暴いた。

「ロスチャイルド工作員として、人類を〝革命幻想〟で〝洗脳〟した」

ナポレオンの「懐手」もよく知られている。〝メイソン〟上位の会員であったことはまちがいない。そもそも、フランス革命を仕掛けたのが〝フリーメイソン〟である。その目的はフランスという国家の簒奪《さんだつ》。ナポレオンは、その手駒《てごま》として利用されたにすぎない。

カール・マルクス

ロスチャイルドが居酒屋で、若い下士官ナポレオンに出会い、大いに気に入ってこう告げた、という。「君をフランス皇帝にしてあげるよ」。

ちなみに坂本龍馬の肖像写真も「懐手」だ。武器商人グラバーは筋金入りのメイソン。その下でダミーとして東奔西走したのが龍馬だ。ただ彼がメイソンであった、という記録はない。純粋無比の彼は、〝かれら〟に一時利用され、途中で気づいた、と私は見ている。江戸城無血開城、大政奉還などは〝かれら〟の意向に背くものだった。

それで、武器商人の大物ジャー・マセソンの怒りを買い、報復として暗殺された……。

これが私の推理である。

『世界をだました５人の学者』工作員がゾロゾロ

学問を完全に〝ハイジャック〟

〝イルミナティ〟支配下では、教育の正体は〝狂育〟である。

それは、〝ゴイム（獣）〟たちを手なずける〝洗脳〟にすぎない。

だから「学校の成績の良い人」ほど〝洗脳〟されている。その伝でいえば東大生こそ、まさに馬鹿の筆頭ということになる。

あれだけ受験戦争で頑張ったのに……。お気の毒と言うしかない。

〝かれら〟にとっては、①宗教②教育③国家④メディアは、四大〝洗脳〟装置でしかない。

だから、これら四つを徹底支配し、徹底管理してきた。

近代から現代にかけてあらゆる学問は完全に〝かれら〟に〝ハイジャック〟されてきた。

『世界をだました5人の学者』（前出）で、こう書いた。

「人類史の『現代』を地獄に墜とした悪魔の〝使徒〟たち」

マルクスの次に俎上にあげたのが……。

■**フロイト（精神医学）**：「肛門性愛などの推奨で、人類の精神を破壊、退廃させた」
■**アインシュタイン（物理学）**：「光速絶対論の崩壊で相対性理論一〇〇年の〝嘘〟もバレた！」
■**ウィルヒョウ（医学）**：「人類死因一位は〝医者〟という悪夢を生み出した死神ドクター」
■**フォイト（栄養学）**：「『肉を食え！』〝殺人〟栄養学で現代人を病人だらけにした大罪」

――この一冊は、現代で〝知識人〟を自任する人なら必読だ。

しかし、手に取る勇気のある人は、ほとんどいないだろう。それは、知の大崩壊を導くからだ。だが、これら悪魔の使徒たちを踏み越えていかなければ、未来は見えてこない。

人脈、金脈、最高ネットワーク……

以上のように、〝フリーメイソン〟〝イルミナティ〟の「教義」は、根底から狂っている。悪魔に支配された妄想であり、狂気である。

しかし、どうして会員になる人たちがいるのだろう?

しかし、そのおかげで無名で貧乏な物書きにすぎなかったマルクスは、〝偉大〟な作家、思想家に変貌を遂げた。それは、全世界のメイソンが彼の著書を組織的に売りまくったからだ。フロイトも同じ。街角の変人医師は、メイソンロッジで注目されるや、彗星のごとく有名になり、最後は二〇世紀の〝知の巨人〟に祀り上げられた。

医学のウィルヒョウ、栄養学のフォイトも同じ穴の貉《むじな》だ。

メイソンに入れば、⑴成功⑵地位⑶名誉⑷財産が保証される。

こんな、美味しい〝エサ〟は、他にはない。

〝フリーメイソン〟の掟で面白いのは、生きている会員の名を明かすことは絶対タブーだが、亡くなった会員ならOKということだ。

そこで、判明したメイソンリー（会員）の面々が興味深い。

たとえば、カーネル・サンダース。言わずと知れたケンタッキー・フライド・チキンの創始者だ。アメリカ西部の町辻でひっそりと営業していたフライドチキン店が、そのスパイシーな風味で評判を呼び、全世界にチェーン店を拡大した。まさにアメリカン・ドリーム。しかし、創業したのは六五才から。いくら、チキンが美味しくても、一人の老人が全米から全世界にチェーン展開できるわけがない。

彼はメイソン会員になることで最高レベルの地位と人脈と資金の支援を得たのだ。

意外なのがベーブ・ルース。言わずと知れた全米プロ野球レジェンド。この一例からも有名プロ選手が〝フリーメイソン〟に入るのは、あたりまえの流れのようだ。

入会メリットは、やはり、サンダース同様、人脈、金脈、名声……だろう。

ディズニーランドは魂の植民地

あのウォルト・ディズニーも〝フリーメイソン〟の大立者だった。

メイソン会員となることで、彼はアメリカ、サクセス・ストーリーの頂点に立った。

そして、〝闇勢力〟側もディズニーを〝洗脳〟装置として大いに利用した。

「御伽《おとぎ》の国」「冒険の国」……と、アメリカの、いや世界の青少年をファンタジーに誘うことで、現実から目を逸らすことに成功した。

その手法は、今も使われている。ディズニー映画は、すべて現実から目を逸らす。

それは御伽話や冒険活劇。ディズニーランドを見れば、まさに、丸ごと〝洗脳〟パラダイスだ。わたしは、かつて『日本の風景を殺したのはだれだ？』（彩流社）で、こう書いた。

「……ディズニーランドは、魂の植民地である」

戦後、ディズニーは〝イルミナティ〟の命を受けて、原子力推進プロパガンダ映画を作っている。まさに、大衆〝洗脳〟装置の正体見たり。そして、現在、「ディズニーランドで、多くの子どもが行方不明」という噂があとを絶たない。

それと平行してアメリカ国内のディズニーランド施設の閉鎖が相次いでいる。

ＤＳの凋落は、ディズニーの凋落と重なっているように思える。

「われわれが地球を丸ごと支配する」ロスチャイルド

『世界革命行動計画』二五カ条

一七七三年、人類史を揺るがす極秘会議が開かれた。

主宰したのはマイヤー・アムシェル・ロスチャイルド。当時、三〇才の若さ。それでも、すでにロスチャイルド家は欧州随一の資本家であった。野心に燃えるマイヤーはヨーロッパ全土から、一二人の実力者をフランクフルトに招聘《しょうへい》して秘密の戦略会議を開いた。

そこで採択された文書が『世界革命行動計画』である。

「革命」とは、穏やかではない。

そこでマイヤーは、列席の参加者に主旨を明らかにした。

「……この世界を、われわれが丸ごと支配して、新しい地球政府を樹立する」

まだまだ青臭い青年が、よくもまあ。

大風呂敷を広げたものだ……と呆れている場合ではない。

この秘密戦略会議で、マイヤーは世界征服の戦略二五カ条も採択している。

その内容には、あきれ果て、寒心する。

▼人間支配には、暴力とテロに訴えよ。

▼群集心理を利用して大衆を支配せよ。

▼われわれは狡猾に隠れているようにする。

▼酒、ドラッグ、退廃道徳を活用せよ。

▼ためらいなくゴイムの財産を奪い取れ。

▼戦争を誘発させ、双方から金を奪え。
▼隠れて、誹謗、中傷、偽情報を流せ。
▼フリーメイソンに潜入しすべてを利用。
▼工作員を育て仰々しく大衆操作する。
▼政治、経済、財政に工作員を送り込め。
▼世界政府樹立にゴイムの財産を活用。
▼重税、不正競争でゴイム破産計画を実行。
▼軍拡でゴイムたちに殺し合いをさせろ。
▼世界政府メンバーはわれわれが選ぶのだ。
▼工作員は若者たちの精神を腐敗させよ。
▼法は変えずにゴイム文明を破壊せよ。（要約）

「禁止令」でフリーメイソンに潜入

――読んだら、誰でも唖然とするだろう。しかし、マイヤー・アムシェル・ロスチャイルドは三年後に国際秘密結社〝イルミナティ〟を創立している。「計画」にあるように既成結社〝フリーメイソン〟に潜入することも初めから予定どおり。一七八六年、ドイツ国王が〝イルミナティ〟禁止令を出し、解散を命じた。すると、表向きは解散を偽装して、ほとんどの〝イルミナティ〟会員は〝フリーメイソン〟に移行したのだ。

ここで両者が反目するどころか、双方合意し極秘協定を結んでいる。これ以来、世界を闇から支配する秘密結社は二段重ねのピラミッド構造となった。

さらに、三段目を支えるのがディープステート（DS）と呼ばれる実行部隊だ。

具体的には各国政府、メディア、学界、宗教団体……などだ。

日本の旧統一教会などがそれに該当する。DSの存在は、二〇二〇年、アメリカ大統領選挙であからさまになった。トランプ政権内で、DSでなかったのはトランプ大統領だけ……という戦慄事実も明らかになった。しかし、アンチ・グローバリストのトランプは、すべてのこれら〝ワシントンDCのワニ〟たちを、追放、処断したのだから、大したものである。

日々洗脳は〝トラウマ〟と〝反復〟

「……私たちは、全員、マインド・コントロールの被害者であり、日々その脅威にさらされている。〝洗脳〟は、全人類に対して巧妙に、止まることなく施《ほどこ》され続けてきた。経済システム、メディア、テレビ、食品、クスリ、電磁波……などなど。あげていたらキリがないほど、私たちの周囲にあるもの、ほとんどが、人間をマインド・コントロールするための〝道具〟だと言っても過言ではない。マインド・コントロールの基本手法は、〝トラウマ〟を植え付けること、そして〝反復〟である。くりかえし言い続けることで、〝嘘〟も〝真実〟になる。これが〝かれら〟の考えなのだ」（『トランス フォーメーション・オブ・アメリカ』ヒカルランド）

この告発書の著者キャシー・オブライエンはＣＩＡ（米中央情報局）による洗脳実験〝ＭＫウルトラ〟のサバイバーだ。（84ページ参照）

むろん心身に堪え難い苦しみを味わったことは言うまでもない。

この悪魔実験の体験を通じて、彼女はこのアメリカという〝自由〟の国が、実は初めから悪魔に支配されていたことに気づいたのである。

さらに、彼女と娘のケリーを悪魔たちから命がけで救出し、巨大〝洗脳〟〝人身売買〟シンジケートと闘い続けたマーク・フィリップスが、この大作の共著者になっている。

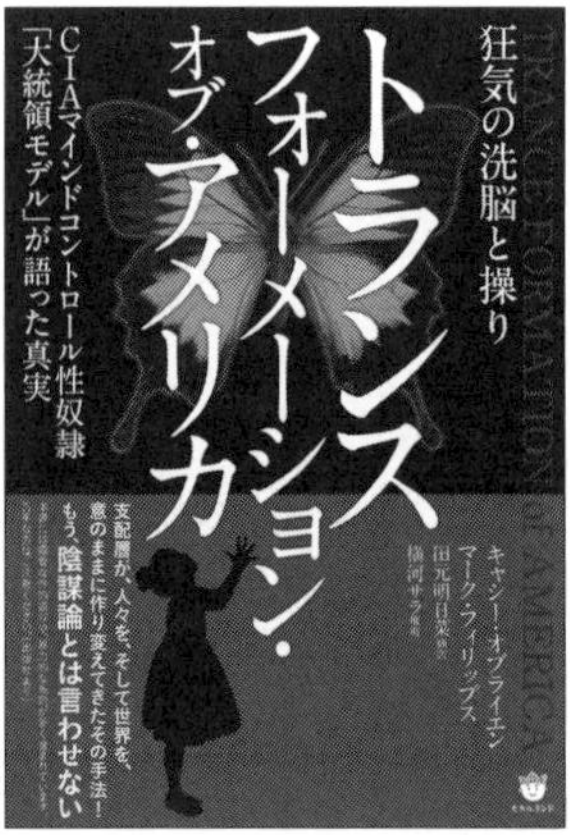

トランプ五〇州中四九州で圧勝

「世界は今、ディープステイト（新世界秩序）の悪魔の計画を覆すべく立ち上がったトランプとQアノンの地球を巻き込んだ超巨大闘争の真っ只中である⁉　嵐吹き荒れる陰謀論の奥底を緊急分析！　人類の向かう先を見通す」（菊川征司『トランプとQアノンとディープステイト』ヒカルランド）

　著者は、日本人が忘れてしまった米大統領選挙の不正を告発する。

　日本人の九九％は、バイデン政権が〝正当〟な選挙で選ばれた、と信じ込んでいる。これぞ、壮大なるマインドコントロールだ。わたしも『アメリカ不正選挙２０２０』（成甲書房）で、詳細に告発した。米国政府の正式報告書（ナバロ報告）は衝撃的だ。

「……今回の不正選挙がなければ、トランプは五〇州のうち四九州で圧勝していた」「不正に関与した国は、少なくとも六五カ国にのぼる」

　トランプ大統領は退任前に反乱法に署名。それに基づき、ＤＳ側人間を少なくとも数百人を逮捕、キ

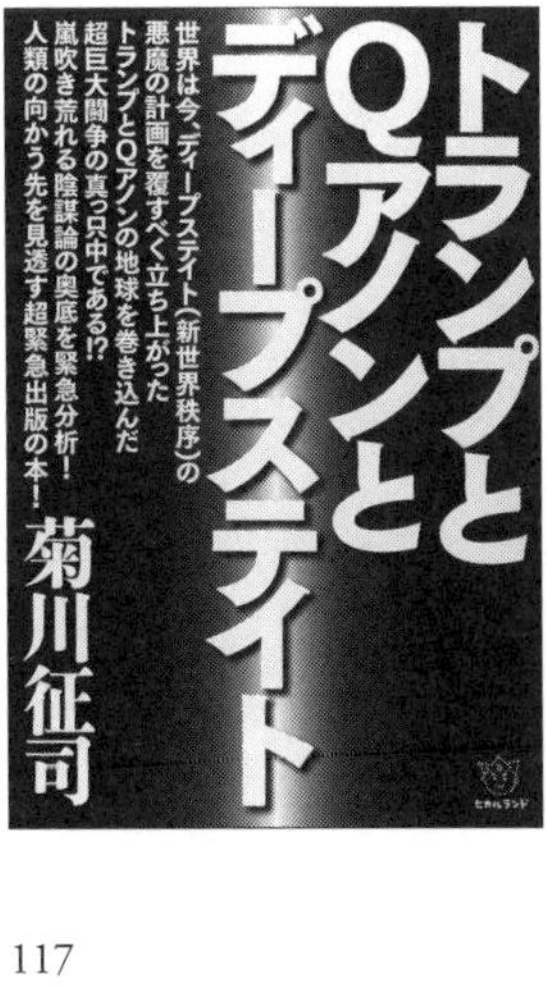

ューバのグァンタナモ刑務所に移送。現地で軍事裁判にかけ、相当数が反逆罪で処刑された、とみられる。しかし、トランプは、ついに緊急放送でこれらリストを公表することなく、大統領職を降りた。それは、真実を発表することでアメリカ全土がパニックに陥り、内乱、内戦状態になることを回避したのだ。すでに、民兵組織〝ミリシア〟は武装蜂起を表明していた。アメリカ人同士が血を流すのだけは避けたい。

トランプの苦渋の選択がバイデン政権を一応認めた形での降板だった。

詳しくは拙著（前出）を一読してほしい。無知は罪なのだ。

奥の暗がりにレプティリアンが潜んでいた！

爬虫類人が古代人類を支配した

物事も、奥の奥には奥がある。

古代から地球を支配してきたのは〝フリーメイソン〟〝イルミナティ〟という国際秘密結社である、と本書は述べてきた。しかし、その背後に驚くべき存在が息を潜めていたのだ。それが爬虫類型エイリアン、レプティリアンである。

「……超古代、何種類かの高度な異星人が地球に植民し、文明を構築した。そしてレプティリアン（爬虫類人）型の異星人（アヌンナキ）は、地球原住民を〝かれら〟の奴隷、家畜人間として支配した。あの国際秘密結社〝フリーメイソン〟も、〝かれら〟の隠れ蓑《みの》！〝かれら〟が構築したマトリックスの牢獄は、今も続く……」（デーヴィッド・アイク『マトリックスの子供たち』ヒカルランド）

ここまでの記述で、腰を抜かした人もいるかもしれない。

頭がクラクラしてきたはずだ。東大卒の知的エリートなら叫ぶだろう。

「……そんなの、教科書に載っていない！」

かれは教科書が〝真実〟だと、心の底から信じき

っている。だから、その内容を必死で覚えた。そうして、見事、東大に入った。しかし、肝心の教科書を、いったい誰がつくったのか？　そこには、まったく考えが及んでいない。

教育（狂育）も〝イルミナティ〟ら闇勢力の貴重な〝洗脳〟装置なのだ。それに気づかぬ知性は、痴性と言い換えたほうがいい。だから知識人とは痴識人なのだ。知の巨人と称えられる人がいる。しかし、わたしに言わせれば〝痴の虚人〟という他ない。かれらもまた、〝狂育〟という名の〝洗脳〟装置の犠牲者なのだ。哀れ、気の毒と言うしかない。

人類も火星に行った（ペガサス計画）

話をレプティリアンにもどす。

「……ある異星に、爬虫類が生まれたとしても、その爬虫類は、太陽系＝地球の生物全体社会で生み出した爬虫類とはまったく異なる」（『マトリックスの子供たち』前出）。

古代シュメール文明に残された粘土板を解読する。するとアヌンナキと呼ばれる宇宙人が文明を伝え、さらに地球原住民（類人猿）の遺伝子操作をして、〝かれら〟に似せた人類を作り出した。『旧約聖書』の「〝神〟は自らに似せてアダムを造った」は、遺伝子操作によるものだ。

さらに「アダムの肋骨からイブを造った」とはクローン技術を応用したものと思える。

その他、多数の異星人はどうして地球に来ることができたのか？

それは最新「量子力学」で明らかにされた「ヒモ理論」に基づく「テレポーテーション」技術で惑星間を瞬間移動して飛来したのだ。

人類もその技術を応用してすでに火星に行っている！（「ペガサス計画」、参照、拙著『幽体離脱、量子論が〝謎〟を、とく！』ビジネス社）

こうして、現代人の〝常識〟はフッ飛び、完全崩壊していくのである……。

NASAは〝すべて〟を隠していた！

テレポートで宇宙人は飛来

二〇二二〜二〇二三年は、あらゆる面で人類史ターニング・ポイントとなった。

それは、一〇〇〇年に一度と言っても過言ではない。

その筆頭が、量子論で解明された惑星間の〝瞬間移動〟だ。

■「量子力学」：二〇二二年、ノーベル物理学賞を三人の学者が受賞。「量子力学の『ヒモ理論』解明の功績」が受賞理由だった。

「量子力学」とは最先端の物理学である。それは、一〇〇年以上も前から研究が数多くの学者により進められていた。しかし、なぜか、世界中の各界はアインシュタインの相対性理論に傾注していた。それは、「量子力学」など存在しないかのような扱いだった。

アインシュタインが相対性理論を発表したのが明治三八年（一九〇五年）と知って驚いた。

こちらは、二六才の天才青年が、突然、閃《ひらめ》いて考案した学説だ。

他方、「量子力学」は数百人もの数多くの天才物理学者が取り組んで研究を進めてきた。なのに、アインシュタインのみが世界の脚光を浴びてきた。もう、理由はおわかりだろう。

アインシュタインは〝フリーメイソン〟の大物だった。パレスチナの土地にイスラエル帝国を再建しようとするシオニズム運動トップにも祀り上げられている。

相対性理論の根底に光速絶対論がある。「光速を超えるものは存在しない」しかし、量子「ヒモ理論」は、それを打ち砕いた。

「テレポーテーション」の驚異

対になった量子の一方が変化すると同時に、片方も変化する。一メートル離れていても同時に起こる。そして、一億光年離れていても瞬時に起こる。

つまり、片方の情報は瞬時に一億光年先に届く。この時点で、光速絶対論は崩壊した。

「量子力学」の三大理論は――

（1）「ヒモ理論」（2）「重ね合わせ」理論（3）「テレポーテーション」。

さらに、「量子力学の父」マックス・プランクは「宇宙のあらゆる存在は『波動』であり、いかなる物質も存在しない」と断言している。

そして、最新「超弦《ちょうげん》理論」によれば、地球上の最小単位「量子」は粒子でなくヒモ状の「波動」（量子波）という。

だから、われわれの人体も〝量子波〟にすぎない。

〝量子波〟は「ヒモ理論」により一億光年かなたにも瞬時で「テレポート」する。

（3）「テレポーテーション」理論により、人間は宇宙空間を〝瞬間移動〟できる。

つまり、惑星間の移動は旧式ロケットで行う必要はない。

宇宙人飛来の謎が遂に解けた

宇宙人、エイリアンといえば、知識人たちはハナで笑った。

「何億光年も離れた銀河から、どうやって地球に来るの？」

ところが、テレポート技術は、何億光年もの距離を一瞬で移動可能にする。

ＳＦ映画でおなじみの「テレポーテーション」や「ワープ航法」が可能であることが、「ヒモ理論」で裏付けられたのだ。

だから、さまざまな銀河や惑星から、さまざまな異星人が、地球に飛来していても、まったくおかしくない。〝かれら〟はおそらく何百万年も前から、この「ヒモ理論」の原理によりテレポートして地球に飛来して来ていたのだ。

旧来のロケット技術など、エイリアンからすればオモチャ同然なのだ。

ＵＦＯは、地球上の旧来物理学の法則を無視した飛び方で飛行する。

それも、当然だ。「量子力学」でようやく解明された（1）「ヒモ理論」（2）「重ね合わせ」（3）「テレポーテーション」の三原理で飛行しているからだ。

だから、旧来ニュートン力学では理解不能な飛び方に見えるのも当然だ。

「人類は火星に行っていた!」（ペガサス計画）

名学者らの衝撃会見

古くから宇宙人が数多くの惑星から地球にやって来ていた。

これくらいのことで驚いてはいけない。なんと、人類も火星に行っていた。

すると「アポロで月に行くのがやっとなのに、マサカ……」と笑い飛ばされるだろう。九九・九％の人類がそう信じ込んでいる。それを〝洗脳〟というのだ。

二〇一二年、衝撃的な記者会見が行われた。

地球環境問題で権威の大学教授バシアゴ博士とアイゼンハワー大統領のひ孫娘ローラ・アイゼンハワー弁護士らが、驚愕の発表を行った。

一九五三年、すでにアイゼンハワー大統領は複数の宇宙人と会見を行っていた、という。

そして、トールグレイ型宇宙人と契約を結んだ。異星人側の申し出は、米国人を人体実験することの許可だった。大統領は、その見返りにかれらの「テレポート技術」の開示を求めた。グレイ型エイリアンは承諾。アメリカは、テレポート技術の習得に成功し、一九六〇代には完成にこぎつけた。

そこで、ペンタゴン（米国防総省）とＮＡＳＡ、ＣＩＡ（米中央情報局）の極秘チームは共同プロジェクトをスタートさせた。それが「ペガサス計画」だ。

何人もの少年少女、若者たちが実験要員として参加した。

火星には基地も建設している

バシアゴ博士は青年時代に、この計画に参加。「火星に二度、瞬間移動した」という。

驚いたことに火星には、物資もテレポート移動で送られ、基地も建設されていた。

さらに、バシアゴ博士は火星で、一九才のオバマに会ったという。そして「お互い遠くまで来たな」と笑い合った、という。ローラ・アイゼンハワー氏も参加を要請されたが、辞退した。このテレポート技術の発進基地は〝ジャンプルーム〟と呼ばれていた。

さらに、バシアゴ博士の証言は続く。

何と少年時代に、「テレポーテーション」で過去にジ、ャ、ン、プ、した、という。

「……リンカーン大統領の有名なゲティスバーグ演説の会場に〝ジャンプ〟したのです」

博士は、その後、驚愕体験をする。古い雑誌に同会場の写真が載っていた。なんと、その中に〝タイム・ジャンプ〟した一二才のバシアゴ少年が写っているではないか！

さらに博士は、地上間の異なる地点での「瞬間移動《テレポート》」実験にも参加した、という。

さらには二〇四五年の未来までタイムトラベルした、というから驚く。

テレポート技術は、空間だけでなく、時間も超えることが可能なのだ。

しかし、宇宙各方面から飛来してくるＵＦＯにとっては、古くからのあたりまえすぎる技術なのだ。

アポロ計画は壮大な〝洗脳〟ショー

では――。あのアポロ計画とは、いったい何だったのか？

あっさり、結論を言ってしまえば、壮大な〝洗脳〟天空ショーだった。

米国がテレポート技術を手に入れていることを隠すための目くらましだった。

まさに、カモフラージュ、偽善ショーにすぎなかった。

しかし、〝イルミナティ〟〝フリーメイソン〟の連中のやることは凄まじい。

おそらく、ＮＡＳＡ関係者の多くは、さらには政治家も、議会も、メディアも、そして、アポロ計画に参加した宇宙飛行士たちですら、「ペガサス計画」の存在すら知らされていなかったはずだ。だから、納税者である国民にもいっさい知らされなかったのもあたりまえだ。文字どおり「敵を欺《あざむ》くなら、まず味方を欺け」だ。

それにしても、アメリカを〝ハイジャック〟した悪魔勢力のやりくちは、想像を絶する悪辣さだ。ただ、ただ、ただ声もない……。

米政府に極秘UFO回収部隊が存在していた!

宇宙人の戦闘で一〇〇人死亡

二〇二三年も、常識がひっくり返る年になった。

前年に「量子力学」がUFOの瞬間移動（テレポーテーション）を理論づけしたのに続いて、二〇二三年六月には、米政府内部から驚愕告発が続発した。

「……UFOとの戦闘で米兵一〇〇人以上が戦死した」

これは、元FOX人気キャスター、タッカー・カールソンの衝撃動画配信だ。

スタンフォード大学、脳外科教授が、内部告発して衝撃を与えた。

「……米政府内には、数十年にわたって極秘部隊が存在していた。その任務は墜落UFO

の回収と宇宙人の収容だった」

これは米軍、元高級将校グラシェ氏の内部告発。彼は、この極秘部隊の存在を報告書にまとめ上層部に進言したら、逆に命を狙われた、という。

そこで、顔出し、経歴公開でメディアに決死の内部告発をしたのだ。

UFO内部はサッカー場の広さ！

「……UFO回収部隊にいた。直径九mの墜落UFOをブルドーザーで回収しようとした。すると、屋根にヒビが入り、人間が通れる隙間ができた。内部に潜り込んでみて、驚いた。中はサッカー競技場くらいに広かった。気分が悪くなり一、二分で這い出した。ところが、外では四時間も経っていた。UFOの内部は時空が歪《ゆが》んでいる」

これはグラシェ氏が告発した回収部隊職員の内部告発。これで、米政府の数十年にわたる極秘作戦はばれてしまった。

UFO回収の目的は〝リバース・エンジニアリング〟（分解解析）だ。

回収部隊は死んだエイリアンと同時に、生きたエイリアンも回収していた。

「エリア51には生きた宇宙人が収容されている」という噂は都市伝説ではなかった。真実だったのだ。

さらに仰天は、タッカーは番組で「四月一六日、トランプ元大統領が英国のキャメロットで宇宙人と会見した、と写真まで添えて発表したことだ。

相手はノルディック（北欧型）エイリアンで宇宙軍ヴァリアントトール司令官という。

トランプ元大統領が乗るエアフォースワンをＵＦＯ群が守っていた、ともいう。

こうなるとＳＦ映画との区別もつかなくなってしまう。しかし、ＳＦは、常に時代の先取りをしてきたことを考えれば、この話題もきわめて信憑性が高いと考えるべきだろう。

まさに二〇二二～二〇二三年は、耳を疑い、目を疑う〝真実〟が噴出する二年となった。

一〇〇〇年に一度の大転換

加えて一〇〇〇年に一度の大激震に世界は見舞われている。

■歴史学：これまで人類史は、外的宇宙からの影響を一切無視してきた。
人類の歴史に地球外生命体の影響など〝考えられない〟としてきた。しかし、古代史を調べれば、調べるほどに地球外の知的存在を無視しては説明がつかないのだ。

たとえば、古代シュメール文明の謎など、外来エイリアンが関わっている、としか考えられない。しかし、旧弊な学界は、かたくなに拒絶してきた。

ところが、「量子力学」の「ヒモ理論」がノーベル賞まで受賞するにいたって「テレポーテーション」理論が裏付けられた。宇宙人が遥か銀河から飛来する事実も説明できる。すると、人類史も根底から覆《くつがえ》る。宇宙人の歴史への関与を研究する「古代宇宙飛行士」説が、がぜん脚光を浴びてきた。もはや、これからの歴史は、エイリアンの関与を抜きには、いっさい語れない。

すなわち旧来の歴史学者は、一斉に退場するしかない。

■宗教：これも宇宙人がらみだ。「旧約聖書」の「〝神〟は自らに似せてアダムを造った」のくだりの〝神〟とは惑星ニビルから来訪した宇宙人アヌンナキだった。

つまり、ユダヤ教、キリスト教さらにイスラム教のいう唯一絶対神の正体は、エイリアンだった……。これは、まさに驚天動地。これら宗教の原理主義者たちは発狂しかねない。

しかし、宇宙古代学を学べば、これはとっくに常識の真実なのだ。

そして――「量子力学」の発展は、東洋思想を再評価させることになっている。

「量子力学」のマックス・プランク説は、まさに仏教の般若心経《はんにゃしんぎょう》「色即是空、空即是色」そのものだ。

さらに「量子力学」は人体を「『肉体』『幽体』『霊体』の三層で構成される」としてい

る。

そして、量子論の世界的権威ロジャー・ペンローズ博士は「『霊魂』も『あの世』も存在する」と断言しているのだ。それだけではない。「量子力学」は、「生まれ変わり」「転生」の現象すら認めている。最新科学が「輪廻転生」を認めたのだ。

これまで「転生」を信じるチベット仏教など、科学者たちの冷笑の対象だった。

しかし、最先端科学の流れは、まさに両者を逆転させたのだ。

冷笑を浴びるのは、既成科学の既得権にしがみつく醜い学者たちなのだ。

■**政治：BRICS台頭。**国際政治も大激震が襲っている。

ウクライナ戦争で〝闇勢力〟はロシア殲滅《せんめつ》を画策した。

しかし、ロシア制裁が「踏み絵」となった。これまで、一〇〇〇年来、白人に圧迫されていた有色人種たちが目覚めたのだ。とりわけ五〇〇年前のヨーロッパ大航海時代による侵略で、第三世界の国々は、白人たちに国家、土地、財産、文化……さらに命すら奪われ、奴隷とされた。この恨みつらみがBRICS連合で噴出した。もう、白人にはだまされない。奪われない。BRICS連合への加盟希望は一〇〇カ国、世界の八割近くが希望している。それに反比例して欧米は急激に凋落している。もはや、欧州、アメリカは死に体だ。

ＮＡＴＯ、ＥＵに明日はない。知らぬはわがニッポン人だけだ。

■経済：ＥＶ戦争、完敗。日本はアジア最貧国になる？

アメリカ追従の日本経済も奈落に向かっている。今でも若者の自殺率は先進国でワーストワン。若者の口癖は「死にたい」だ。「ひきこもり」が一五〇万人もいる、という。

日本凋落の象徴が、ＥＶ戦争の壊滅だ。エンジン車、ハイブリッドなど過去の栄光に固執するあまり、世界的ＥＶシフトの潮流に完全に乗り遅れた。

だから、遅ればせながら、付け焼き刃で造ったトヨタ〝ｂＺ４Ｘ〟も日産〝アリア〟もまったく売れない。中国市場では一四〇万円値下げしても、見向きもされない。

中国製ＥＶは、性能、価格とも、日本メーカーを遥かに凌駕している。韓国ＥＶもそうだ。日産、ホンダ、マツダ……そしてトヨタ……倒産の足音が遠くから聞こえてくる。

約五五〇万人の自動車産業の労働者たちは路頭に迷うだろう。

これから、日本の地獄が来るのだ。

お花畑の日本人、洗脳の楽園……

――以上。人類を襲う一〇〇〇年に一度の大激変をあげた。

「初めて聞いた！」とびっくりした方が多いはずだ。

それもあたりまえだ。それは、あなたがたが、巧妙に〝洗脳〟されているからだ。

テレビ、新聞はディープステートの〝洗脳〟装置と言っても、笑って本気にしない。

しかし、世界の人たちは目覚め、気づき始めている。それは、コロナワクチン接種率でもわかる。その猛毒性に気づき、ほとんどの国が二回目で止めている。日本人だけが六回、七回とディープステートに乗っ取られた政府、マスコミの言うがまま……。

接種率八五％は、世界最悪。もはや狂気の数値だ。多くの日本人は、今も〝お花畑〟で暮らしている。

それは、言い換えると〝洗脳の楽園〟だ。

そして……〝楽園〟に迫りくる悪魔たちの足音。

遠く、ゆっくりと聞こえてくる。

第4章

〝洗脳〟六〇選、あなたもコロリとだまされた

――これが、真実だ！　頭のスイッチ切り替えよう！

※この章では、ズバリ〝洗脳〟の具体例を列挙する。
証拠となる文献も記しておいた。これでも悪魔の〝洗脳〟のほんの一部なのだ。

人類の死因一位は〝医者〟だ！　病院に行ってはいけない

■殺人医療：「現代医学の神は死に神、病院は死の教会」「九割の医療は慢性病には無力」「地上から消えれば、人類はまちがいなく健康になれる」（メンデルソン博士）

その根拠はイスラエル全土の病院ストで、同国死亡率は半減。つまり人類の半分は病院で殺されている。

■死因一位：人類の死因一位は〝医者〟である。「アメリカの死因一位は〝医原病〟七八万人。二位が心臓病七〇万人」（ベンジャミン・フルフォード著『人殺し医療』ＫＫベストセラーズ）

■ウィルヒョウ医学：医療悲劇の根源がウィルヒョウ医学だ。約一五〇年前。ベルリン大学学長で医学界のドン。悪魔的な殺人医学者に、ロックフェラーは〝医学の父〟の称号を授けた。以来、世界中の医学部で教えられている。死に神ドクターの教えを、世界中の医学生が学んでいる。かくして、世界中で〝死に神〟が大量生産されている。（『世界をだました5人の学者』ヒカルランド）

■薬物療法：「万病の原因は〝体毒〟である」（東洋医学）。なのに、西洋医学は、薬物投与で〝治そう〟とする。クスリは原則〝毒〟であることは西洋医学も認めている。〝体毒〟に〝薬毒〟を足せば、〝毒〟は二倍になる。これで病気が治るわけがない。それどころか悪化する。赤ん坊でもわかるリクツだ。しかし、東大教授は百万回言っても理解できない。これが〝洗脳〟なのだ。（拙著『クスリは飲んではいけない!?』徳間書店）

■命の振り子：「人は生まれながらに一〇〇人の名医を持っている」（医聖ヒポクラテス）これが自然治癒力。〝命の振り子〟を引っ張る引力の役割をする。「風邪」という病気の「症状」は「発熱」「咳」「下痢」。これらは、病気を治すための治癒反応だ。しかし、薬物療法は、これら「症状」を〝病気〟とかんちがい。各々に〝解熱剤〟〝鎮咳剤〟〝下痢止め〟を投与する。この〝逆症〟療法で「振り子」は固定される。〝病気〟は慢性化、悪性

化し、最後に患者を死なせてしまう。これが、薬物療法の致命的欠陥だ。（拙著『医療大崩壊』共栄書房）

■**ガン治療**：「抗ガン剤がガンを治せないのは常識。超猛毒で強い発ガン性がある。そのため投与すると大勢の患者が死ぬ」（厚労省K技官）。「『ガンで亡くなった』とされるカルテを精査したら八〇％はガンでなく、抗ガン剤・放射線・手術の〝治療〟で〝殺していた〟」（O大付属病院）。「ガン治療を受けた患者の余命は三年。受けない患者は一二年六カ月生きた。〝治療〟が患者を殺したのだ」（米、H・ジェームズ報告）（拙著『あぶない抗ガン剤』共栄書房）

■**ガン医者**：「あなたがガンになったら抗ガン剤を打ちますか？」二七一人の医者に質問した。二七〇人が〝NO！〟だった。理由は「猛毒でガンは治せない」。だが、患者が病院に来たら全員抗ガン剤を打つのは間違いない。彼らは生涯で千人以上の患者を〝殺して〟いる。（拙著『病院に行かずに「治す」ガン療法』花伝社）

■**血液浄化**：「ガンは血液の浄化装置。患者の延命装置。最悪〝敗血症〟の急死を回避す

るゴミ溜めのようなもの。菜食、断食で血を浄化すれば消えていく」（森下敬一博士）（拙著『STAP細胞の正体』共栄書房）

■ガン検診：著名な医者、森下敬一、安保《あぼ》徹、近藤誠、真弓定夫、岡田正彦、宗像久男氏に「ガン検診を受けますか？」と質問。全員回答は「絶対に受けない！」。その理由は「検診でガンになる」「検診内容がデタラメ」……など。肺ガン検診を受けると肺ガンが多発し肺ガンで死ぬ。寿命も短くなる（チェコリポート）。（拙著『ガン検診は受けてはいけない!?』徳間書店）

■五大検診：受けてはいけない。検診自体が医療マフィアの〝病人狩り〟にすぎない。（1）ガン検診、（2）メタボ検診、（3）人間ドック、（4）脳ドック、（5）定期健康診断……。前出六人の医者も、これらすべてを有害無益とバッサリ否定した。ある自治体では、ガン検診をやめたら、ガン患者が〝激減〟した。（拙著『「五大検診」は病人狩りビジネス！』ヒカルランド）

■CTスキャン：「ガン一割以上がCT放射線で発ガンしている」（近藤誠医師）。CTの

X線はレントゲンの三〇〇倍以上。被ばく量は青天井。原発従業員より被ばくする。発ガンCT検査は拒否すべきだ。似たようなPET検査も有害無益。一ミリのガンも発見は詐欺だ。誤診が多発するので欧米では禁止。認められているのは日本、韓国、台湾のみ。（同）

■**ワクチン**：「ワクチンを偽装した生物兵器を開発する」（WHO極秘文書）「全ワクチンの正体は生物兵器である。伝染病を防いだエビデンスは皆無」「目的は〝人口削減〟と〝巨大利益〟だ」「〇才児ワクチンの目的は、その子を将来〝殺す〟こと。二〇～三〇本打った子どもは、打たない子に比べて一五以上の疾患が数倍から数十倍も激増している」（拙著『コロナの、あとしまつ』共栄書房）

■**糖尿病**：医師は「糖尿病は治らない」と言う。これは、まったくのウソ。糖尿病の原因は食べすぎ。だから、食べなきゃ治る。医者に言われるまま一五年間、インスリン注射と血糖降下剤を強制されていた男性Oさん（六二才）は、拙著『3日食べなきゃ、7割治る！』（ビジネス社）を読み、一日一食を実践。わずか半年で完治させ、視力も二・〇に回復した。（拙著『増補改訂版　食べなきゃ治る！糖尿病』ビジネス社）

■「輸血」：これは臓器移植と同じ。拒絶反応〝GVHD〟（移植片対宿主病）による急死が多発。患者にはいっさい隠されている。昭和天皇も、この副作用で死んでいる。さらに輸血で免疫力が極端に低下。ガンにかかるリスクは四～五倍にはねあがる。仏、生理学者ルネ・カントンは、犬の血液をすべて海水と入れ替える実験に成功している。つまり、生理食塩水を点滴すればよい。血球細胞は体細胞が変化する。米軍は、すでにこの「無輸血」治療を採用している。（船瀬俊介・内海聡著『血液の闇』三五館）

■STAP細胞：「STAP細胞はあります」涙の会見をした小保方《おぼかた》晴子さんは正しかった。「それはリンパ球です。だから体細胞に変わるのは当然」（森下敬一博士）

マスコミの〝魔女狩り〟は、ディープステートにやらされたものだ。〝かれら〟の目的は、理研にSTAP細胞製法特許を下ろさせること。笹井芳樹教授の〝自殺〟という悲劇に理研は特許を断念した。すると、ハーバード大学が特許を奪い去った。

医療マフィアは、その価値が数億円規模にもなりかねないことを知っていた。（『STAP細胞の正体』前出）

■**iPS細胞**：こちらがペテン。四カ所も遺伝子組み替えし、RBとp53という細胞増殖抑制酵素を破壊している。これほど奇形的で危険な細胞が再生医療に使えるわけがない。しかし、ノーベル賞まで受賞。背後にロックフェラー財団がいるのはまちがいない。その後、iPS細胞の末路は惨憺《さんたん》たるものだ。

治験患者にガンが多発したのも当然。ブレーキを壊した試験車は、大暴走したのだ。

■**千島・森下学説**：これは世界的に評価が高い〝幻の学説〟だ。五〇年以上も前に、千島喜久男氏と森下敬一博士という二人の天才研究者によって確立された。「腸管造血」「細胞可逆」「細胞新生」という三大理論は、半世紀もすぎた現在、高く評価されている。

近年ノーベル賞を受賞したオートファジー現象などは、森下博士らが半世紀以上も前に発見、証明している。

■**「波動医学」**：これを、〝オカルト〟と冷笑する愚かな医者もいる。まさに、〝洗脳〟だ。「宇宙のあらゆる存在は波動である。いかなる物質も存在しない」（M・プランク）。

生命は波動エネルギー体だ。波動が乱れれば病気になり、整えば健康になる。これが「波動医学」の根本理論だ。各臓器には固有周波数（ソルフェジオ周波数）がある。その乱れを感知し、修正する。これが、「波動医学」だ。周波数は、音、光、振動、電磁波……などがある。（拙著『未来を救う「波動医学」』共栄書房）

■**「波動生理学」**：謎とされてきた「発生」「治癒」「再生」のメカニズムも「波動」は解明した。受精卵が卵割して胚になり、そこにソルフェジオ周波数で刺激を加えることで、万能細胞は骨、筋肉、臓器などの体細胞に変化して、肉体が形成されていく。「切り傷」も切断面の体細胞が万能細胞にもどり、そこにソルフェジオ周波数の刺激で体細胞が再生されるのだ。トカゲの尾の再生も同じ原理である。

「菜食」と「断食」で、病気はすべて治る！

■**アメリカ食**：一九五八年、アメリカの前立腺ガン死亡率は日本の四〇〇倍！ アメリカ食がいかに危険かがわかる。一九八〇年代、中国男性にくらべてアメリカ男性の心臓マヒは一七倍。そして、女性の乳ガンは五倍……。アメリカ型の食事は世界最悪だった。（拙著『アメリカ食は早死にする』花伝社）

■**牛乳**：牛乳には三五種もの〝毒性〟がある。飲むほどガン、糖尿病、骨折が激増し、二倍早死にする。乳児死亡、アレルギー、貧血、白血病、心筋梗塞、脳卒中、結石、不妊……さらにＡＬＳ、多発性硬化症、クローン病などの奇病、発達障害、自閉症、うつ病、認知症などの原因となる。（拙著『牛乳のワナ』ビジネス社）

■**チーズ**：極めて危険。チーズ多消費のスイスの前立腺ガンは、もっとも少ない香港に比べて二三倍。動物実験で牛乳たんぱく質カゼインを二倍与えるとガンは九倍に激増した。チーズは、このカゼインの塊。だから、極めて発ガン性が高い。チーズ消費が多い国ほど乳ガンと前立腺ガンが、多発している。精巣ガンも爆発的に増える。

元アナウンサー、小林麻央さんはチーズは発酵食品だから健康にいいとし、大好きなピザをよく食べていたという。そして、三四才の若さで乳ガンで亡くなった。

■**空揚げ**：毎日一個食べるだけで一〇年早死にする。死亡率を一三％も高める。他の揚げ物も七％アップ。高温で強い発ガン性物質アクリルアミド（ＡＡ）が発生する。揚げ物大好き家族は、確実に早死にする。（拙著『フライドチキンの呪い』共栄書房）

■コーヒー：発ガン性がある。米カリフォルニア州では二〇一〇年から、あらゆるコーヒー製品に「発ガン性」表示が義務づけられた。焙煎の高熱により発ガン性物質（ＡＡ）が生成されるからだ。さらに、苦みの元、コーヒー酸にも発ガン性が指摘されている。

■フライドポテト：ポテトはフライにすると強烈な発ガン性を発揮する。やはり油の高温で、発ガン性物質（ＡＡ）が生成される。ポテトチップスも危ない。子どもに食べさせてはいけない。最悪はマクドナルドのフライドポテト。週二回食べるだけで死亡率は二倍にはねあがる。

■心臓病：「アメリカでは毎年五〇万人が心臓バイパス手術を受けている。費用は一一万ドル（約一六〇〇万円）。それでも、最後は心臓病で死ぬ。他方、食事をヴィーガン食（完全菜食）に替えると、重症でも全員が完治する。冠状動脈の詰まりは、血管みずからがツルツルに浄化する」（エセルスティン博士）。（拙著『ヴィーガン革命』ビオ・マガジン）

■アテローム血栓症：原因は動物食と砂糖。いずれも脂汚れ（アテローム）となって血栓となり血管を詰まらせる。冠状動脈が詰まれば心筋梗塞。脳動脈が詰まれば脳卒中。人類の四人に一人、二〇億人の死亡原因だ。野生動物にはゼロ！「食べまちがい」の悲劇だ。一〇億人のガン死も血流不全で起こる。だから、肉食が三〇億人を〝殺して〟いる。（拙著『肉好きは8倍心臓マヒで死ぬ』共栄書房）

■ペットボトル茶：飲んではいけない。ミツバチを全滅させた農薬ネオニコチノイドがEUの二五〇〇倍残留している恐れがある。この農薬は欧米、アジアではほぼ全面禁止。日本だけが、なぜか逆走している。この農薬は強い神経〝毒〟があり、発達障害や異常犯罪の激増との関連が指摘されている。（拙著『世界の〝毒〟がやってくる』ビオ・マガジン）

■コオロギ食：悪魔ディープステートは、遂に人類に昆虫を食わせようとしている。中国の医学古典『本草綱目《ほんぞうこうもく》』には「微毒」「妊婦は禁忌」とある。すなわち流産を起こす。古来、中国では、密かに堕胎に用いられてきた。コオロギ食推奨は、〝イルミナティ〟による〝人口削減〟計画の一環なのだ。

■**菜食療法**：「菜食にすれば医療費八〇％を削減できる」（コリン・キャンベル博士）
人間の①歯並び、②唾液ｐＨ、③消化器の長さ、これらすべてが人間が「菜食動物」である証明だ。不自然な肉食、動物食が命を縮めている。菜食療法で二七「症状」のうち二六が完治した臨床報告もある。

■**発ガン肉**：二〇一五年、ＷＨＯは衝撃勧告を行った。「ハム、ベーコン、ソーセージなど加工肉は、五段階評価で最凶の発ガン性がある。それはアスベストと同等だ」。アスベスト（石綿）は生産、流通、使用が禁止。なら、加工肉も同等の措置がとられるべきだ。ＷＨＯは、さらに「牛、豚、鶏など赤肉も上位から二番目の発ガン性がある」と警告。だから、スーパーの「精肉コーナー」は〝発ガンコーナー〟なのだ。

■**大腸ガン**：アメリカに渡った日系三世の大腸ガン死亡率は母国日本の五倍。これは肉食のアメリカ型食生活の悲劇だ。肉など動物たんぱくは腸内悪玉菌の大好物。悪玉菌が大増殖するとインドールなど猛毒発ガン物質を大量に生成する。和食は菜食に近いので悲劇は五分の一に抑えられている。（『5つのセルフ・ヒーリング』新医学研究会）

■**糖尿病死**：週に六日以上肉を食べる人の糖尿病死は菜食者の三・八倍。糖尿病による死因は血流不全だ。肉食による血液の酸性化。アテロームによる血栓。赤血球の連銭結合——これらの血流障害で糖尿病患者は死亡する。

■**肉食と心臓マヒ**：肉食するアメリカ人は、ヴィーガンより八倍心臓マヒで死んでいる。肉類の脂肪が血管壁に沈着して冠状動脈を詰まらせ、心停止になる。脳動脈に飛べば脳卒中。だから、同率で肉食はアメリカ人を〝殺して〟いる。（『ヴィーガン革命』前出）

■**ファスティング**：「断食は万病を治す」（ヨガの教え）。さらに「腹八分で医者いらず」「腹六分で老いを忘れる」「腹四分で神に近づく」（同）。万病の原因は〝体毒〟である。食を断てば、〝体毒〟はすみやかに排泄され、クリーンな身体になる。だから病気も消えていく。じつにシンプルだ。（拙著『「食べない」ひとはなぜ若い？』ヒカルランド）

■**ガンと断食**：「断食はガンと闘うベストの方法」（『TIMES』）。ガンは〝体毒〟の塊。だから、断食すると最優先で排毒される。主婦Kさん（三七才）は、直径一〇センチのガンを断食だけで六カ月で完全消滅させている。（拙著『ガンを治す「波動医学」』共栄書房）

■少食長寿：「人間は一生に食べる量は決まっている」（ヨガの教え）。だから、大飯食らいは〝食い納め〟が早く来る。「マウスのカロリーを六割にしたら二倍生きた」（米コーネル大、マッケイ教授）。食べる量を半分にしたら二倍生きることが証明された。（拙著『やってみました！　1日1食!!』三五館）

■長息長命：「人間は一生に吸う空気の量はきまっている」（ヨガの教え）。だからロングブレスは、極めて有効な健康法だ。末梢血管が開くので血流が改善し、万病に効果がある。特に肩凝り、冷え性、白髪に卓効あり。

合成洗剤は〝毒〟だ。自然なせっけんライフに！

■合成洗剤：花王、ライオン、P&Gの洗剤は〝毒物〟である。合成洗剤の毒性は、かつて自民党の科学技術庁ですら認めている。あなたは〝毒〟で下着や洋服を洗っている。当然、衣類に残留する。カブレ、皮膚炎の原因になる。〝毒〟でお茶碗を洗っている。野菜を洗っている。〝毒〟は残留する。テレビCMにだまされた生活は今日限りでやめなさい。自然なせっけんに替えれば、それでOK。（日本消費者連盟編著『合成洗剤はもういらない』三一新書）

■シャンプー：三重大学医学部が市販合成シャンプー一〇種をテストした。ネズミの背中に一回原液を塗布。そのまま放置した。すると、三匹は血を吐いて死んだ。残りも毛がゴッソリ抜けて瀕死の状態となった。そんな、猛毒シャンプーを、毎日、頭にふりかけている。ハゲになるのも当然だ。日本の中高年男性は、ほとんどが頭のてっぺんがはげている。この〝ザビエルはげ〟の原因が合成シャンプーなのだ。これも、せっけんに替えればよろしい。

■ライオンと天皇家：ライオン㈱のK社長夫妻が北九州を訪れた。デパート屋上の〝奥様サロン〟会場で、一人の主婦が質問した。「社長さんのお宅でも合成洗剤を使ってますか？」。K社長はひるみながらも「ハイ、当然、わが社の製品を愛用しています」。すると、横から奥様が裾を引っ張った。「あなた、ちがうじゃありませんか。『危ないから』とせっけんに替えたじゃありませんか」

宮内庁から、せっけんメーカーのT油脂㈱に電話連絡。「至急皇居に来てほしい」。N課長は部下と皇居に向かった。女官が案内した倉庫には、T油脂のせっけん製品が天井まで積まれていた。「茶色い変色が有害か？」と尋ねるので、まったく安全と回答。安心した女官は一言「ここで見聞きしたことは、けっして口外してはなりませぬ」

■**歯磨き剤**：歯磨きのあと、みそ汁の味がしない。それは、歯磨き剤に配合された合成界面活性剤のせいだ。その毒性で舌の味蕾《みらい》細胞が侵され、味を感じなくなっている。これも、せっけん歯磨きに替えるだけで解決する。

■**ファブリーズ**：これは恐ろしい。「ファブリーズで洗おう！」というCMからしてウソだ。「洗う」とは「汚れを落とす」ことだ。こちらは、ファブリーズという毒物を噴霧しているだけ。その配合成分の毒性がすさまじい。経口毒性一～三グラムで致死量。それを、赤ちゃんの肌着や枕にシュ！　まさにCM〝洗脳〟は恐ろしい。

■**シャボン玉せっけん**：全製品が無添加で天然。もっとも推奨できる。身のまわりの洗浄用品を、すべてシャボン玉せっけんにすれば、それでOK。洗濯物の自然な洗い上がりに感動するだろう。せっけんシャンプーのつややかな洗い上がりにも満足。せっけん歯磨きでお口の中もさわやか！

■**ドライクリーニング**：使用される有機溶剤「ドライ溶液」には、強い発ガン性がある。それは確実に洗たく物に残留している。それは揮発性がある。だから、ドライ仕立ての洋服をすぐに着るのは危険だ。アメリカでは、数十人が発ガンした、という報告もある。

風通しのよい場所に小一時間ほど吊して、発ガン溶剤を飛ばすこと。また、ドライ洗浄は脂汚れしか落とせない。理想は、やはり、ソープクリーニングだ。

電子レンジ、ホットカーペット、IH、ドライヤーが危ない

■**電磁波**：電気の磁気の波動だ。そのエネルギーがイオンなど荷電粒子に吸収されラセン運動などを引き起こす。（サイクロトロン共鳴）。それが遺伝子損傷、健康破壊につながる。「不自然な人工電磁波はすべて有害」（R・ベッカー博士）。有害性は「成長細胞に異常」「発ガン性」「ガン成長促進」「染色体異常」「催奇形性」「ホルモン異常」「異常行動」「自

殺」「ストレス反応」「学習障害」「生理リズム阻害」……など。（拙著『ショック!! やっぱりあぶない電磁波』花伝社）

■**安全基準**：電気製品一ミリガウス。居住地区〇・一ミリガウス。「ただし、これ以下で安全なのではない。妥協基準だ」（同博士）

電磁波は、距離をおくとほぼ距離の二乗に反比例して弱くなる。発生源から一〇倍離れると一〇分の一×一〇分の一で、強度は一〇〇分の一になる。

だから、電磁波被害をさけるには①「強度を弱く」②「距離をおく」③「時間を短く」の三点が大切だ。

■**電子レンジ**：「電子レンジで調理した料理を食べさせた全員に血液異常が発生した」（ヘルテル博士）。「電子レンジで調理したエサを与えた動物はすべて死亡した」（森下敬一博士）さらに「レンジで暖めた水を動物はぜったい飲まない」という。本能的に危険を察知している。「レンジ調理すると食材の動物性、植物性を問わず、すべてに発ガン物質が生じた」という警告も。加熱法は、普通とはまったく異なる。一秒間に数億回という電磁振動で、分子を振動させる。そのときの異常エネルギーが食材の分子構造を〝変性〟してしまう。そのため、その異常反応で発ガン物質など有害物が発生するのだ。
だから、一九七〇年代、旧ソ連は電子レンジを販売禁止している。

■**ホットカーペット**：発熱させるため発生電磁波は安全基準の三〇〇倍以上。三～四ミリガウスで、子どもにガンが多発している。四ミリガウスを超えると小児ガンは五・五倍にも急増する。だから、ホットカーペットで子どもに添い寝など狂気の沙汰だ。
同様に、電気毛布も危険。アメリカでは妊娠初期に電気毛布を使用した女性の出産異常は一〇倍以上だ。電磁波を出さない製品は、スウェーデンのエレトロラックス製品のみ。

■**IH調理器**：きわめて危険。強烈な電磁波が放射される。安全基準の数十倍で、普通に使用している女性も流産が五・七倍も激増している。欧米で古くから使われている電気コンロ（ラジアントヒーター）なら、電磁波は二〇分の一以下に抑えられており、安心だ。

■**ドライヤー**：ヘアドライヤーは意外に強い電磁波を出している。美容師に乳ガンが多い、という。それは一日中、胸の前でドライヤーを使っているからだ。

■電気剃刀：電池式なら直流で安全。問題は交流モーター使用のシェーバー。安全基準の何万倍もの電磁波を肌にこすりつけている。「ホクロが悪性ガン、黒色肉腫に変わる恐れがある」（ベッカー博士）

■スマホ：3Gガラケーでも、さまざまな被害が発生している。4Gスマホは、耳にくっつけて使ってはいけない。携帯電話症候群で、脳をやられる。それは脳腫瘍の引き金となる。スピーカーホン会話をおすすめする。これなら、体から離れているので安全だ。また、ポケットに入れて持ち歩くのも危険。欧米で若者に直腸ガンが増えている。尻ポケットにスマホを入れたからという。前ポケットに入れるとガラケーでも精子が三〇％減る。充電のときも、枕元から一メートルは離しておく。

■ACアダプタ：これは〝小さな〟変電所。強烈な有害電磁波を出す。だから、体から一メートルは離して使用する。これも、枕元に置いてはならない。一晩中、有害電磁波を被ばくすることになる。

■高圧線：真下に住んでいて室内の電磁波が一〇ミリガウスを超えていたら、ベッカー博士は「すぐに引っ越しなさい」「危険すぎる」。だから、簡単なものでよいので電磁波測定器は常備しておきたい。なお、高圧線のそばに住む人の自殺は四割も多い。電磁波は精神も侵し、破壊する。

■**携帯中継タワー**：塔から三五〇m以内では女性のガンが一〇・五倍。だから携帯中継タワー周辺では、明らかにガンが多発している。保育園などでは子どもに鼻血が多い。命に関わる重大事だ。撤去など本気で交渉すべき。応急措置としては窓ガラスに防磁フィルムを貼ったり、防磁カーテンなどで、ある程度防げる。

■**5G**：これは人類を滅ぼす電磁兵器だ。この〝電磁シャワー〟で、鳥は墜ち、牛は倒れ、人は発ガンする。4Gから5Gと一世代上がると電磁強度は約一〇倍。それだけ被害も強烈だ。二〇一八年、オランダでの5G試験電波で公園のムクドリが二九七羽も死亡している。「5Gを導入すれば世界で二〇億人が死亡する」とカナダの元海軍大佐が警告している。（拙著『コロナと5G』共栄書房）

■**メディア**：「電磁波問題は書けないんですよ」朝日新聞I記者は平然と言った。これは、マスコミ全体も同じだ。NHKも同様。「書いてはいけない」「言ってはいけない」。

これは、メディアが〝イルミナティ〟の走狗であることを証明している。

そんな〝洗脳〟装置に金を払っている人は、〝洗脳〟されて地獄に落ちても仕方がない。

（拙著『テレビは見るな！　新聞は取るな！』成甲書房）

■**リニア亡国**：リニア中央新幹線には一〇大欠陥がある。
（1）電磁波被ばく（安全基準の四万倍）（2）破綻証言（JR東海社長も「破綻する」）（3）工費九兆円（ドブに捨てる血税）（4）名古屋まで、やはり一時間四〇分！（5）のぞみ号（五〇〇キロ走行可能）（6）電力（新幹線の四〇倍！）（7）トンネル九割（南アルプスは破壊される）（8）クエンチ現象（未知の尻餅で大惨事に）（9）脱出不能（地下数千mのトンネル）（10）三兆円（財政投融資で血税ぶち込む）（拙著『リニア亡国論』ビジネス社）

■**原発**：世界のウランと原子力利権を完全掌握しているのがロスチャイルド財閥だ。
つまり〝イルミナティ〟の黒幕。その意志には誰も逆らえない。地震大国日本の沿岸に四九もの原発を建設させられたのも〝イルミナティ〟の圧力だ。

その目的はエネルギーではない。究極目的は、日本民族の抹殺である。原発の正体は戦略〝核地雷〟なのだ。だから、導入時の発電コストなども、完全に捏造《ねつぞう》されている。

原発は地球上のどんなエネルギー源より超高コストなのだ。

なぜ、原発が〝核地雷〟なのか？　敦賀原発の圧力容器が爆発すると、関西地区は壊滅する。二二〇〇万人が急性放射線障害などで死亡する。

ペンタゴン（米国防総省）は、南海トラフが起こると日本人の死者は二〇〇〇万と想定している。巨大地震、浜岡原発、伊方《いかた》原発が爆発することを想定しているからだ。

お花畑の日本人は、そんな驚愕《きょうがく》の危機を何も知らない。（拙著『原発マフィア』花伝社）

第2部　衝撃的な洗脳社会を曝く

AINO

まえがき

昔から私たちは、自分の心を守るために無意識的にいろいろなことをしてきました。

それは、「防衛機制」と呼ばれます。

イソップ童話の「酸っぱい葡萄」の話（『キツネと葡萄』）はご存知でしょうか。

おいしそうな葡萄を一生懸命取ろうとして、どうしても取れなかったキツネさんが、

「あれはおいしくない葡萄に決まってる」

と自分に言い聞かせて納得するお話です。

実はこのようなことは、知らないうちに、私たちの日常にたくさんみられます。

そしてまた、防衛機制を使ってごまかしている、そのこと自体をも認められないという二重の防衛機制もみられます。


ごまかして嘘をつく「防衛機制」は悪いものなのでしょうか？

心が折れたら生きていけない！

だから神様が自動的なメカニズムとして、心を守る装置を作ってくださっているのではないでしょうか。

しかし、防衛機制では、心は守れても現実を歪んで見ているために、生命が脅かされるほどの危機状態では大変なことになります。

「正常性バイアス」という言葉を聞いたことがおありでしょうか？

それは、異常事態に直面してもそれを正常の範囲内と捉え、自分だけは助かるに違いないという根拠のない確信で、危機状態でパニックにならないように心が守られることをさします。

しかし、そのために逃げ遅れて多くの方が犠牲になってしまった。

２０１１年の3月11日を思い出してください。

パニックにならないように落ちつこうとして、危険な現実を見ないようにして、逃げ遅れて、犠牲になってしまったのです。

実はいま、人類史の中でも特記すべき大きな危機の中にある（と私は認識しています）

にもかかわらず、このような防衛機制が働いて、一億総うつ状態にならないですんでいます。

初めのうち私は、危機を一生懸命知らせようとしました。

でも、誰も聞きたがらず無視されました。

そして月日は流れて、じわじわとリアリティが迫ってきました。


それでもなお！

ほとんどの方が、まだ防衛機制のカラクリで心を守ろうとしています。

心を守ることは大切です。

でも、それも命あってのことです!!


私に、何ができるのだろう？

真実を見つめれば見つめるほどうつ状態で動けなくなってしまっていた私に、本にして書いてくれと頼んできた、ちょっと変わったおじさまがいました。

うわ〜〜〜〜っとご自分の話したいことだけ話してお話を聞いてくれない（苦笑）。

でも、お伝えしたいことがたくさんあるんだな〜と純な気持ちを感じました。

実は私は、ここ数年本当に勇気を出して、しかもかなり気をつけてオブラートに包んでいろいろ書いてきた原稿が、次々に却下されてしまっていました。そんな時に、この元気あふれるおじさまから、この悔しさを一般向けに書いてみようという勇気をいただきました。

私は過敏体質で、２０２１年ごろからずっとシェディング被害（１８２ページ注３）を受け続けております。半分くらい寝たきりというか、何もできない状態で過ごして気力や知力もぼんやりになりがちです。執筆する自信がなくて、元気のいいおじさまに、論文を委託して「これを使って本を書いてください」とお願いしました。

でも、なんとか、これを世に出さなければ、と思い始めた時から、少しずつ元気が出てきました。

この本が皆様のお役に立てたらいいなという思いと同時に、私自身のリハビリ回復のプロセスになる予感が嬉しいです。

脱線しながら、おしゃべりのように書いていきたいと思います。
どうぞおつきあいください。
どうしてそんなバカなことを信じちゃうわけ？　とか
自分の頭で考えろよ！
なんてお説教の本ではないのです。

こんな大変な時に、よくなんとか、心が折れないように頑張ってこられてるよね。
素晴らしい！
でも、知っておかないとまずいこともあるんだよね……。
実は現実は……。
めちゃくちゃひどくて……（このあたりはおじさまが書いてくださるはず）。
信じられない！　信じたくないようなことだらけなんだけど……。

でも、地球が病気になっているのだから、
症状は回復への道のりなんだから。
そう、

大丈夫なんだから！！！！
その確信を持って書いていきますのでご安心くださいね。

AINO

第1章

コントロールのカラクリ

１・１　コントロールされていることを知らない心

洗脳？

マインドコントロール？

え？

コントロールされているだって？

そんなはずはない！

私は現代の民主主義の時代に生きて、自由が保障されている国に住んでいるのだから。

こうして何を言っても書いても自由だし、宗教の自由、言論の自由が保障されているではないですか！

おおげさじゃないですか……。


人間だから多少人に気を使うことはありますけどね。

それでコントロールされているというのはどう考えても行き過ぎではないですか？

はい。

それも一つの考え方だと思います。

人はみな、自分に誇りを持ち、自分で考えて自分で決めて行動することに喜びを感じているはず、ですよね？


洗脳とかマインドコントロールなんていうのは、カルト集団が使っているもの、怖い話の中だけのものだという印象があることでしょう。

実はそうやって自分はコントロールされていないという思い込みも、もしかしたら洗脳・マインドコントロールの一つかもしれません。


洗脳とは、心理学的に厳密に定義すれば、監禁、拷問や薬物を用いながら個人の意思や行動を支配しようとすることをさします。

確かに、怖いですよね……。

それに対してマインドコントロールというのは、もう少し穏やか、というか、巧妙な仕掛けになります。

心理学では、心理操作（psychological manipulation）という用語を使うことが多いのですが、マインドコントロールという言葉は、一般的にいろいろなところで様々な使われ方をしています。

マインドコントロールは、もともとは、組織がその目的達成のために、平たく言えばお金もうけするために使われていたもののようです。

それがだんだん進化して、いろいろな社会心理学的技術を使って、詐欺まがいの売り方や宣伝などで、消費者の行動を好きなように誘導することができるようになりました。

今だけ、ここでしか買えない限定商品だと言われると、必要もないのに買ってしまったとかいう経験はありませんか？

バーゲンセールやお買い得商品と言われたら、買わないと損してしまう、と思ったことはありませんか？

ああ、そういうことならいつもやられているかもしれない……。

はいはい（笑）。

それも緩やかなマインドコントロールの一つです。

実際、うまくはめられてますよね。

実は、私たちの心は、程度の差はあれ、誰もが常にコントロールされているのです。

宣伝広告に限らず、例えば、選挙活動や恋愛祈願で。

商売繁盛のために使われるテクニックだけでなく、選挙に勝ちたいとか、モテモテになりたい、といった気持ちから、社会心理学の理論がいたる所で使われています。

私たちは、いい悪いは別にして、常にコントロールされているのだということをまず理解してください。

1・2　コントロールの心理学的説明

最も有害なマインドコントロールの特徴は、身体的な強制がない代わりに、必要な情報を隠したり操作したりして、嘘を言ってごまかして人をだましてしまうことにあります。その結果、自分で決めているつもりなのに、実はコントロールされて誘導されてしまい、こんなはずではなかったのだけれど、という結果になってしまうことがあります。

問題なのは、そのようにだまされてしまった時にも、自分の尊厳を守りたいから、だまされたのではないと思い込んで、心が傷つかないように認識することです。だまされていることを認めたくないので、だまされていることに気がつかないのです。

マインドコントロールは、あからさまでなく無意識に働きかけ誘導されることが多いために、気がつかないことが多いのも特徴的です。

サブリミナル効果（注1）など耳にしたことがおありでしょうか。

注1
閾値《いきち》以下の刺激によって、生体に何らかの影響があることを言います。つまり、自分で意識して知覚してないにもかかわらず、無意識的に視聴覚に入ってきた刺激を、判断しないまま脳神経系に情報として入れてしまうこと。それを利用して広告宣伝に多用されることがあり、米国では法的に禁じられるようになりました。

それにしても、人はどうしてこんなに簡単にだまされ、コントロールされてしまうのでしょうか？

いろいろな説明ができますが、ここでは、心理学的に少し解説してみます。

1・2・1　条件反射

単純なところでは、パブロフの犬で知られる条件反射の理論があります。

餌をもらえる時にベルを鳴らすということを繰り返されると、ベルを鳴らしただけで唾液が出てくる犬の話は有名です。

人間だって同じです。

何度か同じことが繰り返されると、脳内で情報伝達するシナプスが太くなって、こうしたらああなる、というパターンが頭の中にスッと定着してしまうようです。

そうすると、自動的に、生理的反応や行動が起きたりするようになるのです。

自動的に反応してしまうなんて、パブロフの犬の反応は、お馬鹿さんみたいに感じられてしまうかもしれません。

でもこれは、脳神経のエコシステムなのです。

つまり、あれこれ考えて判断するような時間やエネルギーの無駄をはぶいて、即座に反応して対応できるようになるという、ありがたい反応なのです。

疲れないようになっているというわけです。

ただし、実際には例外がつきものです。

だから、同じパターンで対応すると、あれ？　と失敗してしまうこともあります。

「私はそんな単純なお馬鹿さんじゃないわ」、と思われる方も、ちょっと振り返ってみてください。どうでしょうか？

いつも通い慣れた道があると、別の用事のために外に出たのにもかかわらず、会社に行く方向に来ちゃった、という経験はありませんか？

ご安心ください。

こういう現象は、脳神経の省エネ機能が優秀な方ほど起きやすいようですので。

つまり、たくさんの情報処理を早くするために脳が上手に機能しているという証拠なのです。

ただこれも、自分の脳内の反応とはいえ、自分自身の判断とは違った方向に導かれてしまうという意味で、間違ったことにコントロールされているという一つの例と言えるでしょう。

1・2・2　社会的報酬

このような条件づけに、「アメとムチの法則」、つまりごほうびとおしおきが加わったら、心のコントロールに逆らえる人は少なくなります。

ワクチンを打ったら、
マスクをしたら……

ごほうびがいっぱいもらえました。

観戦チケットがもらえますよ！
自由に県外に行ってもいいですよ！
高齢の親御さんにも会えますよ！
お宿に安く泊まれますよ！
美味しいもののクーポンも差し上げますよ！
海外旅行も行けますよ！

ワクチンを打たなかったら、マスクをしなかったら……

おしおきが待ってました。

実習が受けられなくて資格テストが受けられない。
受験や試合で失格となる。
仕事を辞めさせられる。
非難の目で見られる。
陰性証明を自費で調達して何万円もかけないと海外に行けない。
好きなお店やホールにも入れない。
などなど。

ここまでは皆、経験的におわかりでしょう。

わかっていながらも、のってしまう……？
別にいいじゃん、お得だもん？
だったのでしょうか？

あるいは、うすうす危険性に気がつきながらも、まえがきで触れた酸っぱい葡萄のキツネと同じように、

「ワクチンはたいして危険ではないはずだ」

「みんな打ってるし」

「厚労省もWHOも安全だと言ってるし」

と自分を納得させて打っちゃいましたか？


実は今回、もっと巧妙なマインドコントロールのしかけがありました。

パブロフの犬にもならず、アメとムチにもひるまない人たちまでもが落ちてしまった罠があったのです！


最も高学歴で賢く、論理的思考もでき、批判精神も持ち合わせて、物事の本質を客観的に捉える専門家のような方々が、誠実で正直、真面目で責任感あふれる人格も優れた方々が、なんとみんな同じようにコントロールされてしまったのです!!

そうするともう、一般の方々はもう、偉い先生にならえしかないですよね……。

何を信じたらいいかわからない時には、権威ある方の言うことに従うのが賢明ということでしょうか……。

無批判に権威に従ってしまう心理については、アイヒマン実験（スタンレー・ミルグラムによる実験　注2）で、何も特別な人だけが陥る罠ではないことが証明されてしまいました。

注2

「体罰と学習効果の測定」という名目で社会心理学の実験参加者が集められました。そこでは、隣室にいる生徒役の回答が間違うたびにより強い電気ショックを与えることを実験者（権威者）から要求されました。実際には電気ショックは発生せず、生徒役に電気は流れていないので苦しんでいる演技をしているだけでした。うめき声がやがて絶叫となっても、被験者は実験者（権威者）が「大丈夫です」と言うのに応えて電圧を強くし続けたというものです。最終的に、65％もの参加者が、命の危険がある450Vのショックを与える選択をしたという結果になったのです。ミルグラムの実験結果に驚いた心理学者たちは世界中で確かめてみましたが、どこでもどんな人たちであっても、61～66％の範囲の人たちが、権威者に従って、致死水準の電気ショックを与える選択をしたというものです。

そのために、世の中のほとんどの人がコントロールされてしまいました。

そのしかけとは、いったいなんだったのでしょうか？

1・2・3　高次の動機づけ

それはなんと、誰もが納得してしまう「美しい心情に訴える！」ということでした。

自分が犠牲になっても、世のため、人のためになるのなら喜んでやる。

こういう高潔な動機に動かされてしまう素晴らしい人たちが、世の中にはたくさんいます。


私は、信頼している大好きな医師たちからこんな話をよく聞きました。

「ワクチンに関して調べれば調べるほど、リスクが多いことがわかってくるから、調べるのをやめました」

「治験中でリスクがあるなら、専門家としてモルモットになってみるのも、医者として本望だと思っている」

「こんな職業をしてるのだから、打たないわけにはいかないでしょう、患者さんの安心のためには」

私は、
違うでしょう！！！！
リスクあるならやめるべきでしょう！
調べなかったらリスクが減るのですか？
モルモットになるって、初めからそんな……。
医者の本分はなんだったのですか？
初学者の時に誓ったのではなかったのですか？
ヒポクラテスの誓いを。

と言いたいのをグッとこらえて、聞いていました。
きっとご自身の中で、いろいろな葛藤を抱えつつ、精一杯のことをしておられるんだろうなと。

しかし私は、もちろんそんな危険な病院に行くことはできなくなりました。

ワクチンのシェディング（注3）はいろいろな症状として現れるので、特異体質の私はそれが恐怖になっていったからでもあります。

ワクチン接種者だらけの病院に行ったら具合が悪くなることを何回も経験して、自宅で自然療法をする道を選ぶようになりました。

家にいてデトックスしたら面白いように治るものですから、確信的にシェディングだと思いました。

注3
シェディングとは、「伝播」の日本語訳です。ここではワクチン接種者の体から放出される毒素を未摂取者が受けてしまう害のことをさします。受動喫煙という被害がありますが、ワクチンの効果もそのように周りにいる人たちにも影響を与えてしまうことはメカニズム的にも明らかで、厚生労働省も平成29年の指針で認めています。医学論文でも発表されています。

美しい心情に訴えられたらもう、良い人、また良い人になりたい多くの人たちは、逆らうことなどできません。

昔の特攻隊など、今考えたらどうしてそんな悲惨なことができたのかと不思議ですが、これも全く同じカラクリです。

お国のために、みんなのために！　という美しい心情に支えられて実行されました。

そこでは、死ぬのは嫌だ〜という人間の自然の感情は抑えつけられました。自然の感情を出すことは恥とされました。自分はそれで良くても、親兄弟が恥をかく、生きづらくなる……。そういう、他者を思いやる優しい気持ちから、若い人たちが多く犠牲になりました。死に向かう恐怖を和らげるために覚醒剤が使われたという説もあります。そこまでして死に向かわせるなんていうのは、言葉の定義からしても、はっきりとした洗脳です。

つまり明らかな犯罪です。

戦争中には、そうやってたくさんの方が犠牲になりました。合掌。

死にたくない！

そんな当たり前の感情までもがコントロールされて、わがままだとか軟弱だと非難される対象になってしまったのです。

死ぬのも嫌だし、人殺しもしたくない！

こんな自然の感情までコントロールされてしまう……。

戦争はそこまで人間性を否定してしまう……。

本当に苦しく辛い時代であったと思います。

さて、21世紀の今はどういう状態でしょうか？

ウクライナは可哀想だけど、日本は安泰でよかった？

そうかもしれません……。

でも、もうすでに巧妙な戦争に巻き込まれていて、どんどんたくさんの人が死んでいるという説もあります。

信じたくないけれど……。

「こんなに情報網が発達しているのだから、昔のようなバカなことは通用しないはずだ」

「戦争の悲惨さや、ひどい政府の広報やメディアの偏向は極端だった」

「インターネットで世界中の情報が得られる時代に、隠し通せることなどないはずだ」

本当にそうなのでしょうか……

1・3　美徳という落とし穴

コロナ禍での損失の一番大きなものは、人々との触れ合い、繋がりだったのではないでしょうか。オンライン上でしかコミュニケーションが取れない状態が長く続きました。

否応なく、孤立させられました。

対人的なストレスを感じていた人の中には、学校や会社に行かなくてすむ状態にほっと息をついて喜んだ人たちもいたようでした。忙しすぎる毎日から解放されて、強制的にお休みをもらったような気持ちになった人もいたようでした。人と繋がらない方がホッとするというのも大きな問題ですけれども。

一方では、人間的な触れ合いが失われて、対人恐怖のようなものが一層強まってしまった人たちもいたようでした。

マスクをして表情を隠してしまうことが定着してしまいました。

ますます、人との距離ができてしまったようです。

１・３・１　弱者のために

感染症蔓延防止のためという大義名分によって、人間らしいコミュニケーションスタイルが奪われていきました。

そうです。

これが、「弱者の命を守ろう！」という美徳による弊害、落とし穴です。

弊害？

そうです。

データをきちんと見てください。

それによって、本当に命が守られたのでしょうか？

結果は、孤立した高齢者の健康状態の悪化、認知症や精神衛生の悪化、3・11も大きく上回る超過死亡率でした。


美しい心情に呼びかけられて、マジメで良心的な人たちは、一生懸命に従いました。

ワクチン接種は任意であると言われながらも、村社会での実質的な強制もありました。

言論や行動の自由が奪われるという人権侵害に当たるようなことさえ平気で行われてきました。

すべて、美徳の落とし穴にはめられてしまいました。


中には、おかしいと思った人もきっといたはずです。

でも、一部の勇気ある人しか、声を上げられなかった。

ナチスの非人道的なふるまいに声を上げたのは、1000人の教育者のうち、15人に過ぎなかった。

今の日本は？

声を上げた人たちは、村八分にされ、ハラスメントにあい、犯罪人扱いされたりもしました。

冷静に考えたらおかしなことばかりですが、どうして皆が、こぞってそんなおかしなことに加担してしまったのでしょう？

「加担」と書きました。

おかしなことに声を上げない傍観者は、加担しているのと同じだからなのです。

例えば、傍観者は、いじめる人と同じように加害者なんだという認識があります。

それは、何も言わないで見ている傍観者がいなくなったら、いじめられなくなるからなのです。フィンランドでは、小学校低学年からロールプレイをしながら徹底的に体験学習して成果を上げています。

いじめが蔓延するのは、フィンランドも日本も同じです。

傍観者がいるからです。

傍観者がいるから、いじめが支えられている。

傍観者がいなければ、いじめはなくなる。

単純な話です。

傍観者は、そういうわけでいじめる人と同罪なのです。


いけないことはいけないと声を上げることは難しいことです。

なぜなら、声を上げた途端にいじめの標的になってしまうという恐れがあるからでしょう（私は黙っていられなくて、小学生の頃からずっとひとりぼっちでした）。

このような不安や恐怖、不信感があるコミュニティでは、いけないことを見ても見ぬふりをするのが大人だ、という認識になるようですね。

いじめやハラスメント程度ではなく、暗殺までされてしまう世の中であることは、残念ながら事実のようです。

１・３・２　平和のために

ここは一つ大人になって（うん？　大人って何？）ことを荒立てないですませよう。

自分一人が苦しい思いをすればいいだけだ。

（それで解決するならまだしも……本当に問題解決しますか？）

日本人は、和や協調を大切にして対立を好まないため、おかしなことがあっても指摘しないで笑っています。

流れや時、祈りによって解決する時も、確かにあります。

誰も、嫌なこと、悪いこと、悲惨なことは見たくないし、指摘したくないのです。

見なければ存在しない、と思い込みたいのです。

でも、見なくても、あるものはあるのですよ。当たり前だけど。

そのことは、どこかではわかっていて、それを認めないように無意識的にがんばっているので、心が疲れてしまうのではないでしょうか（パートナーの浮気を、見えないとこでしてるのはよしとする、本当にそれで大丈夫なのかしら？）。

社会的に成熟した大人は、小さなごまかしなど、人生につきものだと受容していく……。で？

小さなごまかしも、重なってくると真実に思えてくる……。

これが認知の不思議なところです。

しかし、不都合な真実は、必ず不都合な現実を突きつけてきます。

これは、事実の積み重ねの当然の帰結なのです。

それを、政治が悪い、企業が悪い、組織が悪い、と非難しても平和が実現しなかったことは、歴史的に明らかです。

では、声を上げなかった自分が悪いのか？

見ようとしなかった自分が愚かだったのか？

かもしれないけれど……。


反省しすぎないでください。

うつになっても何も良くなりませんから。

ここに、もう一つの美徳によるコントロールのカラクリがあります。

1・3・3　反省・忍耐・従順

大いに反省しろ！

で、人を動けなくさせてしまう。

これがもう一つの「美徳の落とし穴」です。


『夜と霧』や実存分析で有名なビクトール・フランクルは「反省除去」という神経症の治療方針を提唱しました。

自責の念にかられるよりも、そのエネルギーを、どうしたら良いか、未来的な解決にフォーカスして進もうという考え方です。

これが徹底しているフィンランドでは、自分も他者も非難する態度は、確かに、どんな時にも経験したことがありませんでした。謝るということがないので、日本人的には、これでいいのかなあと思ったりすることもありましたが。

でも、だから？

フィンランドでは、たとえ間違っていることでも大胆に行ったり、人と違うことも心理的抵抗なくできるのでしょう。間違っていると気づいたら、あ、やめよう、他のやり方が良かったな、で終わりですから。

誰も悪びれたりしないのです。

しかし、なぜか今回は、フィンランド人はみんなこぞって政府の言うとおり信じ切って、完全にコントロールされてしまっているように見えました。

ワクチンの弊害が世界的にこれだけ明らかになっているにもかかわらず、耐えて黙っているのは、フィンランド的忍耐強さと言うべきか。

体調の悪さを自己責任の範囲と捉えているからなのか。

体調の悪さは自己責任だということ。

医療ミスは人間だから必ずあるものだということ。

この二つを徹底的に納得している、フィンランド人の知り合いから聞いた話があります。
著名な音楽家、バイオリニストだったかチェリストだったかが、手の手術を受けて、神経の接続を間違えられて？　自由がきかなくなり、演奏できなくなったそうです。
アメリカだったら、どれだけの損害賠償慰謝料の請求になるところでしょうか。

しかし彼は、
淡々と再手術をお願いするだけでそれ以上何もなかったのだそうです。
その結果、不自由さは残りながらも、
人生はそのようなこともあるものだと達観していたとか。

ワクチンの被害を訴えることに関しては、日本はフィンランドよりずっといい線行ってます。
何回もブースター接種した結果、被害が無視できないほど広がったから、という悲しい理由から、とも言えますが。

私的に不思議でしょうがないのが、あの知的で冷静なフィンランド人が、今回だけは、どうしてワクチン疑惑を問わなかったのか、という点です。
私には、
人を信じる素直な心、
他者を非難しないで、
災いも自己責任として、
従順に慎ましく生きる

という美しい態度が災いしたとしか思えないのです。

つまり、「美徳という落とし穴」です。


この考えをフィンランド人に読んでもらいたくて英語の論文にしたのですが、知の巨人のような方々にまで無視を決め込まれて、愕然としました。

大好きな尊敬している人々なので、ものすごくショックを受けてしまいました。

いまだに少し距離ができてしまっています（涙）。


そこで私が痛感したことは、**心を守るために人は、無意識的にどんなことでもしてしま**

えるということでした。心を守るために、知性（マインド）はなんの役にも立たない、ということでした。

実際、虐待されている自分を認められない子供が、多重人格のような人格障害になったり、悲惨な時の記憶がなくなっていることはよく知られています。

解離と言います。

持ち続けていたら人格が崩壊してしまうほどの心の痛みは、自動的に消去されてしまうメカニズムが脳神経学的にあるようです。

ですから、都合が悪いことは美徳に置き換えて納得するというメカニズムは、当然のこととも言えるでしょう。

1・4　ポリヴェーガル理論

ここで、その根拠となる脳神経学的な理論を一つ紹介しておきたいと思います。

最近話題になっているポリヴェーガル理論では、心身の安全、安心を確保するために神経系が自動的に、つまり無意識的に働いているメカニズムを説明しています。

みなさんがご存知の「戦うか、逃げるか」の反応は、自律神経系の交感神経と副交感神経の働きが関与しているというのが従来の説明でした。ポリヴェーガル理論では、そこからもう一段複雑な神経系の働きを、「安全と繋がり」を求めるメカニズムとして説明します。

どんな人も、無意識的に、つまり自律神経の働きとして安心と絆を求めている！

ということなんです。

ポリヴェーガル理論の詳細は専門の本に当たってください。

ここでは、ただ、

「私たちは自動的に、そのように反応する仕組みを神様から授かっている」

ということだけをお話ししておきます。

それが、サバイバルに必要なモードであるから発動する、のではないでしょうか。

サバイバルというと、「弱肉強食」という過酷な世界を思い浮かべる方が多いかもしれません。

しかし自然界においては、お互いに助け合うようなシステムも同時に観察されています。

それは、種の保存に必要な自然の在り方だからではないでしょうか。

自己犠牲の精神は美しい響きがあります。

それによって多くの方が助かるというサバイバルの究極の選択では、尊いものです。

しかし、避けられない不幸によって犠牲になる方がいたときに、助けられる見込みがないまま自分自身の命を共にしてしまうことは、サバイバル、つまり種の保存にとって合理的な考えではありませんよね。

飛行機で酸素マスクを着用する際には、まず自分から！　という原則があります。

弱者ではなく、まず自分の安全を確保するように。

そうしないと弱者を助けることもできなくなってしまうから、という合理的な判断です。

もし完全に合理的なＡＩが判断するとしたら、特攻隊はあり得なかったでしょう。

津波の迫りくる病院で、意識もなく横たわる老いた患者のためにとどまる若く元気な医療従事者もいなかったでしょう。


私たちは心ある人間で、ＡＩではありません。

非合理的判断で動かされています。

安心と絆を求める気持ちから、危機状態で判断を誤ることもあり得ます。


誰も逃げなかったからという理由で、逃げ遅れて犠牲になった方々がいます。

みんなが飛び込むから飛び込んで命を落とす人もいます。

沈没船のジョークはよく知られていますよね。

沈没船ジョーク

なんと言ったら海に飛び込んでもらえるか……？

英国人：「紳士は飛び込みます」
米国人：「飛び込んだらヒーローになれますよ」
フランス人：「決して飛び込まないでください」
ドイツ人：「規則ですから飛び込んでください」
日本人：「みなさんもう飛び込みましたよ」

赤信号、みんなで渡れば怖くない？　でも、危険性は変わりないのです。

これは絆を非常に大切にしている日本人の落とし穴ではないでしょうか。

１・５　コロナ患者としての体験より

さてここからは、私の実体験から少しお話しさせてください。

1・5・1　特異体質ゆえに

敏感体質で、気圧、お天気、電磁波、化学物質、そのほか訳のわからないものに過敏に反応して毎年救急車のお世話になっている私は、お薬にも敏感です。CTやMRIで倒れた経験もあり、ボルタレンでショックを起こしたり、ロキソニンの副作用で喘息《ぜんそく》が悪化したり、吸入剤で吐き気、など。いくらでもエピソードがあります。アナフィラキシーでは3回入院しています。

そんな既往症のために、あらゆるワクチンはやめておいたほうがいいと専門家も納得します。

言うまでもなく、治験中のワクチンなど1回も打っておりません。

コロナのことは当初、日本にどうしてこんなに患者が少ないのか話題になったのを覚えていらっしゃいますか？

そしてワクチンを打ち始めた途端に、陽性者が増えて、超過死亡が史上最高の勢いで増えていっていることを観察していますよね。

犠牲者がどこまで多くなったら、ワクチンは危険だった、やめておけばよかったのに、ごめんなさい、と言って認めるのでしょうか？

過去の薬害訴訟を見ていても、薬害が認められるにはずいぶん長い年月がかかるようですね（その話で思い出した、薬害訴訟でがんばっておられる川田龍平さんのことは、次の節にまとめます）。

で、敏感な私は、人混みに出かけたり公共の乗り物に乗ったりすると、シェディングによるひどい症状に見舞われるようになりました。

まるで認知症のように頭が混乱してしまったり（突然自分がどこにいるのかわからなくなるとか、資格試験の時に、問題の意味が取れなくなってしまいグルグル何度も読みながら数字が認識できなくなってしまうとか、説明がつかないものでした）、ぼんやりしたり、また身体中が痛くて、人魚姫のように一歩一歩に痛みがはしるような状態になってしまったり、偏頭痛や関節痛、表現できないほどの倦怠感で動けなくなったり、微熱が続いたりという経験をするようになりました。

不正出血、紫斑、なども経験済みです。

ドキッとしました。

喉の痛みや声が出ないこと、蕁麻疹《じんましん》などは、慢性的にもなってきています。

それでもめげずに、会いたい人には会いたいから会いに行く！　仕事は最低限でもこなす！　を強気で1カ月くらいやっていたのですが、とうとうめちゃくちゃなブレインフォグが来てしまったのが2022年の春でした。

偏頭痛持ちの私は、かかりつけの脳神経科に相談しました。

実は私は、10年以上前の交通事故後遺症と思われますが、脳脊髄液減少症の診断を受けて一時はひどい状態でした。

それが再発したのかもしれないという疑いで、専門病院を紹介されましたが、診断治療は自費だし、治療も効果が上がっているとは言い難くリスクが多いことを知り、自分でなんとかするしかないかという判断になりました。

しかし、治っていたものがなぜ今再燃してきたのでしょうか？

私はワクチンによるシェディングを疑いましたが、そのことを言い出せないまま、脳脊髄液減少症かな、症状としてはそれに近いかも？　でも、何か違うんだけどなあ……。

１・５・２　ついに倒れて入院

そう思いながら、ひどい頭痛を抱えながら脳神経科から帰宅したら、40度近い熱、吐き気と苦しさに襲われました。

ああ、もしかして……病院に行くのは嫌だ……と思いながらも、苦しくて死にそうだったので救急搬送されました。


病院に到着したら、お決まりのようにすぐにPCR検査です。

綿棒を鼻のこんなに奥まで暴力的に入れられたのは初めてでした。

陽性でした。

ま、そんなものかな、しかたがないな。

苦しい時には抵抗する気力もなく、病院側の言いなりになります。


持病があり過敏特異体質の私は、リスクが大きいから、入院して点滴治療しましょうということになりました。

「レムデシビルという治療薬が、軽症患者にも使えるようになったのです！」

医師が誇らしそうに言いました。
副作用はどんなものがありますか、と私。
聞くのは当たり前です、今までどれだけ薬でショックを起こしてきたことか……。

「副作用はありません!!」

と断言する医師の不誠実さと勉強不足に、私は呆れました。
副作用のない薬なんてないからです。
安心させるため？
それにしても患者を馬鹿にしすぎです。
嘘つき！　としか思えないのです。

医療関係にいたことのある私は、薬害を嫌というほど見てきました。
がんばってくださった医療従事者たちに、クレームのようなことを言わないのが美徳？
だから？　誰も言いません。

そういうカラクリで、薬害の実態は、よっぽどのことでない限り、表に出ることはないのです。

患者や家族は疲れ切って、訴える気力は残っていないし、訴えても命は戻らない。辛いことにこれ以上触れたくない。忘れてしまいたい。

そういう心情になるのが普通です。

これもまた、他者を責めないという美徳の落とし穴と言っても良いかもわかりません。

このような心理で、医療ミスや薬害に対して黙ってしまう日本人やフィンランド人は多いように思います。

１・５・３　病院での葛藤

私は、意識が朦朧とする中で、拒絶もできず、医師の言いなりになってしまいました。

病院にいるのだから、緊急の時は対応してくださるだろう、と期待して。

吐き気止めや痛み止めのほか、咳止め、熱さましなど、胃薬や湿布やら吸入やら、なんだかいろいろな薬が山ほど出ていたと記憶しています。

死にそうに苦しいから、薬に頼ってみるのも少しはいいかもと思いました。

が、症状は良くならずむしろ悪化しました。


こんな治療が信頼できるのだろうか？

怖くなって、海外の情報通の友人、専門家に携帯メールで問い合わせました。


わかったことは、レムデシビルはものすごく危険であること。

で、なんと、ワクチンを打った人にはイベルメクチン、打ってない人にはレムデシビルを投与するように院内で決められているところもあるとか。


つまり、ワクチンが重症化を防いでいるという見せかけのデータを作るための処方があるということ？

病院側は薬害の真実を知ってか知らずか、それはわかりませんが。

実際にそのようなプロトコルがあったと聞きました（米国）。

自分の命がかかっているために、必死でいろいろな情報を集めてみました。

しかしその時、良い話は全く聞かれず危険な話ばかりだったので、病院側に、即刻レミデシビルをやめてもらいたいと訴えました。

しかし、こんな危険な情報があるなんて話をしても、陰謀論に染まった可哀想な患者だと一笑に付されるだけですからできません。症状が悪化して苦しいのでやめてほしいと言うと、その症状を抑える薬を出しましょうと言う……。

いたちごっこです。

もう、全てやめてください。

薬はいりません。

ゆっくり安静に寝かせてください。

と言う思いでいっぱいなのですが……。

身体的に危機状態にある時に、こんなストレスまで抱えてどれだけきつかったことか。

本当にいろいろ、体調優れず発話さえ苦しい中、愛する家族とも会えないまま、泣きながらがんばりました。

1・5・4　そして

いろいろな紆余曲折がありました。

点滴しないのなら入院している意味がないから「出ていけ」と医師に言われました。

何日も全く食事も取れず高熱が下がらない患者の私に、です。

家に戻るわけにもいかず、療養所に隔離されることになるのかという判断で、保健所に連絡しました。

ことの経緯を保健婦さんに話したら、あまりにもひどいと思われたのか、常識的なお話をしてくださったり、家族からもお願いしてもらったり、様々なことがあり、最終的に主治医も折れましたが。

しかし、具合が悪い時に、これだけのストレスを抱えていかなければならない病院とは、なんというところだろうと思いました。

そもそも、インフォームドコンセントも無しで、患者の意向も無視なんて酷すぎると思いました。

しかしなぜか、コロナパンデミックの下ではそれが通用したのです。

皆が恐怖に駆られていたというか、そんな風潮に逆らえなかったというか、空気を読む、従う人たちですから。正しいことを言えば、正論を振りかざせば叱責される、訳のわからなさがあるところですから。

１・５・５　美徳ゆえの傷つき

いろいろなエピソードが思い出されますが、本当に悲しかったのは、高圧的な医師の言葉ではありません。

それは、私的には、「アホちゃうか」で笑える類ですから。

悲しかったのは、私のことを親身になって心配してくださる看護師さんたちのことです。

ワクチンの害もレムデシビルの害も知らないのが当然です。

知っていたらそんなところで働けないですから。

知りたくない事実だったと思います。

ですから、私はもちろん、説得しようなどという気にはなりませんでした。

せいぜい、

「いろいろな意見がありますし個人差もあります。私は薬に敏感なタチなので躊躇してしまいます」と言うだけでした。

しかし、彼女たちは親身に涙を流さんばかりに、薬で良くなりますからと、熱心に何度も勧められるのです。

心優しく親切な方々です。

そこまで言われるなら、少しやってみてもいいかな、と思うのが人情でしょう。

しかし私は、命には換えられない、という強い思いがあります。

ありがとうございます、と感謝しながら、彼女たちの辛い気持ちに「ごめんなさい」と言いました。

彼女たちは皆、正しいこと、いいこと、できるだけのことをやっている！　という自負心があって奉仕している人たちなのです。

本当に良い人たちなのです。

それがまた、私には悲しくてたまらなかったのです。

この方たちが本当のことを知ったら、どうやって生きていけるのだろうか。

良いと思ってやってきたことで、人を苦しめたり死なせたりしてしまった良心の呵責に、どう耐えられるのだろうか。

それを思うと、幻想の中で、真実を知らない方が幸せなのかもしれない？

でも、それによって犠牲になってしまった人たちの思いはどうなるのか。


私の中で悲しみがいっぱい膨らんでいきました。

しかし、しかしですよ。


患者の容態を見ていたら、専門家でなくてもわかるはずなんですよ！

薬が効いているのかそれで悪化しているのかなんて、誰が見ても明らかなはずです。

それが、薬剤が人を助けると教育されているためか、信じ切っているためか、現実を見ても見えないのです！

人が亡くなっても、決して医療のせいではなく、特異体質のせいになります。
心を守るためには、どんな不合理的なことでも認められてしまうのです。
専門用語では、これを確証バイアス（注4）と言います。

もうお手上げ状態です……。

注4
確証バイアス
自分がすでに持っている先入観や仮説を肯定するため、自分にとって都合のよい情報ばかりを集める傾向性のこと。「認知バイアス」、つまり自分の思い込みや周囲の要因によって非合理的な判断をしてしまう心理現象の一種です。

1・6　研究者としての体験より

1・6・1　事実は事実だ

薬害エイズ患者当事者で、現在国会議員としてご活躍の川田龍平さんに、若い頃お話を伺う機会がありました。

当時20代の川田さんは、将来政治家になって、薬害がなくなるようにがんばりますとおっしゃってらして、私はとても感動したのを覚えています。その時の研究は、実は迫害され中断したまま、報告書を書きましたが無視されています。

その研究は、薬害エイズ患者と同性愛者のエイズ患者の精神性とライフスタイル、免疫、予後の関連を調べるものでした。

薬害患者の方は、健康的なライフスタイルを守り、川田さんのようにこのことを生かして世の中に役立てたいという積極的な方が多かった。

それに対し、同性愛者の方は、不健康なライフスタイルで自暴自棄になりやすかった。

性差別反対運動など活発な運動をされながらも、その動機が、社会に対する憎しみや恨みのようなネガティブなものが大きかった。

そのせいか、免疫活性のコントロールもうまくいってないというものでした。


こんな研究結果は、同性愛者の怒りを買うのは必至ですよね。

私も若かったために、正論で真っ直ぐにすぎ、彼らに寄り添えなかったことは申し訳なかったと思います。

心情的には申し訳なかった。

でも、
事実は事実なのです。
どんなに心が破れてしまうようなことでも、リアリティはリアリティなのです。
私は、科学者の良心として報告せざるを得なかった。

「病は気から」と言います。

プラシーボ効果で知られているように、気持ちの問題でかなり解決することが多いのも事実です。

ただし、だからといって

「病気が治る！」

と信じたら全部治るというものでもないのです。

わからないことだらけですが、そのわからないながら、できること、考えられることに最善を尽くしたいものです。

暴飲暴食、不規則なライフスタイルが免疫を下げてしまうのはよく知られた事実です。

同性愛者の方々は、自由な心を持ってあれこれ制限しない方が健康になるはずだとの思い込みがあったようです。

実は、嗜癖的にやめられない心をごまかしていたに過ぎない、と私には思えましたが。

ですから、私にデータで真実を突きつけられた時には、烈火のように逆上されました。

私は、人格攻撃など大声で頭ごなしに非難され、土下座して謝罪させられました。

結果として、私はその研究から手を引かざるを得なくなりました。

1・6・2　偉人でもまちがってしまう

偉人と崇められ、ノーベル賞を2回も受賞しているキュリー夫人（マリー・キュリー）ですが、ご自身が発見したラジウムが体に良いと信じて疑わなかったそうです。

今では信じ難いことですが、ラジウムが美容や健康に良いと信じられ、お化粧品に混入され、多くの若い女性が犠牲になったというエピソードを聞きました。

ご自身が蝕《むしば》まれ、そのために白血病になって命を落としたのですが、たくさんの犠牲者を出しながらも、決して放射線の害を認めなかったようです。


あの偉大なマリー・キュリー夫人でさえそうなのです。


キュリー夫人が、どれだけラジウムが体に良いと言っても、ご自身が放射能の害で亡くなってしまったという事実。

同じように、酒タバコをどう擁護しても、健康に悪いことは事実として認めざるを得ないでしょう。

凡人の私たちが、都合が悪いことを認められないのは当然のことかもしれません。

ただし、「毒をもって毒を制す」、ということも確かにあるようです。

少量の放射線によるホルミシス効果（注5）や、ニコチンがワクチン後遺症に効くというデータも出ています。

お酒に対しては日本はおおらかで、百薬の長と言ったりしますね。

コロナ菌を抑制する5-ALAが日本酒に含まれていると言って、「今日は液体の5-ALA摂取にした」と冗談言いながら楽しんでいる方もいます。

注5

ホルミシス効果

ラドン温泉などでお馴染みの効果です。ラドン（放射線元素ラジウムが崩壊してできる気体）が体内で細胞を刺激し、細胞が活性化することによる体の反応のことを言います。ホルミシス効果により新陳代謝の向上、免疫力の向上、抗酸化作用が期待できるとされています（私にはダメでした）。

健康行動に関する思いや反応は個人差が大きいので、自己責任でと言うのが穏当かもしれませんね。

しかし私は、自分がかなり過敏な体質だから、どうしても健康オタクになってしまいます。

基本的にずっとビーガンで、お酒もタバコもカフェインも取らない厳しい健康教育家で、皆に嫌われていました。

もちろん心の満足や、文化の大切さなど、人生には、科学的データだけで語り切れない大切なものがある、というのはわかりますが、データはデータですし、物理的・生理的事実は事実です。

指導教授や世界的権威の主張と異なっていても、常識と異なっていても、認めたくなくても、それは一つのリアリティです。

私は、単純にはっきりと言うタイプなので、ずっとずっと迫害の連続でした。

心折れて疲れ果てて、学会を辞めたり、海外に逃げたり、研究そのものもやめておりました。

本当のことを書き（データはこう示している！　みたいな）、本当のことを言ってしまうために（王様は裸だ！　みたいな）あまりにも正論・本質論で行くために（教育研究の本質はなんなのか？　みたいな）

組織でうまくいくわけがなく（組織から疎まれ辞めさせられたことも3回を数えました）、今回は、こんな本を書いて辞めさせられても、仕方がないな……と覚悟しつつ、でも、人生いつどうなるかわからないから、書いておこう、と思いました。

そうしたら、あれも、これも、とあふれるようにいろいろな悔しさが出てきました。

だから脱線ばかりで、ごめんなさい。

アカハラ・パワハラ・セクハラなどの話はキリなく出てきます。

発狂寸前、自殺未遂まで追い込まれましたが、この本の狙いはこちらではないので、このくらいにしておきます。

今となっては、全部、笑い話に変えてしまえます……。
みんな人間弱いよね……。
傷ついてきたんだよね……。

ただ私は、「暗いと不平を言うよりも、進んで灯りをつけましょう」の方が好きなので。
暗い話はここまでにしておきます。

1・7　おりこうさんのフィンランドでは

1・7・1　世界一幸せな国

さて、こんな私なので、素朴でオープン、クリアな国民性のフィンランドに、清潔で静かな幸福にひかれてきました。

幸福度世界一を6年も連続しているようなフィンランドの行き届いた高度な福祉政策や教育に対して、憧れを持つ方は多いと思います。

コロナ禍に陥っても、ずっと幸福であり得たフィンランドの国民性はどんなところにあるのかと分析してみました。

フィンランド人は、人や政府に対する信頼性が高くて、皆安心して生活しています。

行き届いた福祉の恩恵を受けているために、高い税金も自分のためになるから喜んで払います。

政府が、自分たちのためにならないことをする訳がない、と信じ切っています。

実際、政府の決定には人々の直接的な意見や、御用学者ではない独立した科学者たちの意見が反映される場が整っているように見えます。

また、税金の使われ方もクリアで、賄賂など受け取ることも難しいシステムが構築されていて、その透明度は驚くばかりです。なんと、どんな人でも、国民全ての人の税金や収入を知ることができるのですから。

そして森と湖に囲まれた自然豊かな国土があります。

夏休みは最低二週間、冬にはスキー休みもあるし、クリスマス休暇やイースター休暇など、週休3日制の導入もあります。

休暇は全ての業務から離れて深い森の奥のコテージに行く、という生活で英気を取り戻すのです。

休暇を死守する心構え（？）はかなり徹底してます。

仕事上の責任より、自分の健康や家庭に対する責任の方が優先順位が高い、幸せな人たちです。

そんな幸せな国がフィンランドです。

1・7・2　フィンランドの感染症対策

パンデミックの前に、フィンランドでノロウイルスにやられて倒れてしまった私は、病院でするべきことはないから、寝てろと言われました。

重症で動けなくなり、ベッドまで移動もできずに冷たい床に転がっているしかなかった辛い日を思い出します。

日本だったら、救急搬送、点滴で温かくみてもらえるに違いありません。

あの時ほど、日本を恋しく思ったことはありませんでした。

ノロウイルスという感染症が拡大しないように、私の部屋には誰も寄りつかず、食料や水がドア前に置かれるという状態で過ごしました。

そんな徹底した管理をするフィンランドですから、コロナに対する感染症対策もかなり厳しく行われたようです。

しかし、もともとオンラインでの仕事や教育が普及していて、休暇が多く、人と会わないで森の奥でひっそり過ごすのが好きな国民性から、ソーシャルディスタンスはそれほど大変ではなかったようでした。お店が閉まって収入がなくなっても、政府から補償が下りるために経済的に困ることもなかったようです。

私がインタビューした範囲では、ゆっくり自分を見つめ直す良い機会になった、という声が多く聞かれました。

立ち止まって自分を取り戻したというのです。

家庭内での関係や職場を見直し、離職、離婚なども多かったようですが、それもきちんとリアリティに向き合った結果として良かったという意見をたくさん聞きました。

そういった決断をするに当たって、経済的補償がしっかりしていて、困らないという条件も大きいと思います。

とはいえ、自分を見つめ直して、やりたいことに向かってスイスイと転職していく人たちが多いのには本当に驚きました。

1・7・3　真面目なフィンランド人の落とし穴

そのようなフィンランド人は、決まりをきちんと守る人たちでもあります。

誰もいないところでも赤信号では渡らない人たちです。

キャッシュがいっぱい入っているお財布を見つけても、そのまま持ち主に返る国です。

誠実で正直で、人を信頼する無垢な人たちですが、同時にかなり知的で合理的・批判的な思考もできる人たちです。

シャイで無愛想に見えたりしますが、控えめでも親切ですし。

日本人ととても相性が良いように思います。

また、なんというか、いろいろな意味でとても優秀な国民性を感じています。

この真面目で優秀な人たちが、実は、コントロールされてしまっている！　という悲劇!!


信頼性が高くて、疑わないために悲劇が起きているように思います。

良い人だからこそ、みんなのために、社会のためにと呼びかけられたら、皆がこぞって喜んで、進んで決まりを守ります。

今までは、それで幸せだったのかもしれません。

もちろん、人間の判断には完全はあり得ない、間違いもあります。

それもきちんと理解して、すぐに修正して建設的に対応してきたのがフィンランドでしたが……。


それが、若い綺麗な女性首相に好感度を持ちすぎてしまったせいか？

政府を信じ切ってしまっているせいか？

ワクチンの害を全く認めない状況が続いています（2023年秋の時点で）。

ロシアに対する態度は、歴史的辛酸があるために偏ってしまうのはやむを得ないにしても、いつもの、クリティカルで冷静な態度はいったいどこに行ってしまったのでしょうか？

フィンランドで、大親友の非常に優秀な医師たち、また、国を代表する、人間味あふれる、私が尊敬、敬愛する応用哲学者までもが、この危険なワクチンを推奨しているのに愕然としてしまいました。

あれだけアカデミックで頭脳明晰で、しかも愛あふれる人たちが、いったいどうしてしまったのか。

何度も、何度も、彼らの好む査読付き論文、他、信頼できるソースを出してディスカッションしてきた3年間でした。

何回も心苦しい思いをしながら、でも、大好きな大切な人たちなので、わかってほしい！　後で知ったらどんなに苦しむことになるのだろう……。

それを少しでも未然に防ぐことができたら……。その一念でした。

論理的に、きちんとお話したらわかってもらえるはずだ……

と希望を持ってやってきました。

手を替え、品を替え、洗脳の話もしました。

ナチスドイツの例も話しました。

ハンナ・アーレントの鋭い分析（「凡庸な悪」、1・8・1参照）の話もしました。

でも、何をしても、合理的な説得では全く歯が立たない、無理だという結論に到達しました。

やはりこれは、デスメット教授（注6）が書いているように、集団催眠に陥っているとしか思えない状況です。

催眠術にかかっている人はなんでもしますからね。

注６　デスメット教授の主張

よくわからない不安、孤立や分断があると、mass formation とか mass psychosis というような、言わば集団催眠のような集団心理が働く。その状態だと人々は思考停止に陥り、普段なら受け入れないようなことも盲目的に受け入れてしまう、それが今のパンデミックで起こっている。それが最終的に全体主義に行き着くとの主張です。

目覚めているのは30％、そのうち声を上げるのは５％、mass formation 状態の人たちはなかなか気づかないが、それでも、目覚めている人たちは黙っていてはいけない、声を上げ続ければ気づくこともある、という力強いメッセージを発しています。デスメット教授は、以前に、科学論文の研究をして、科学論文の85％はいい加減だと結論した。それで同じ大学の同僚、学術界からは閉め出された格好になった。けれど、機械思考的なイデオロギー、科学によって全てをコントロールできるというような科学万能主義、合理主義は人を幸せにしない。本当に大事なものは、合理的な理解を超えた、むしろ非合理的なところにあると主張しています。

１・８　奴隷になりたい心理

でも、ではいったい、どのようにしてこんな集団催眠が可能になってしまったのだろう。

まだ分析途中ですが、私には、これは全て、自己保存の本能的な反応であるとしか思えないのです。

人間の理性がどれだけ脆いものか、思い知らされています。

そして理性が、感情や気持ちでどれだけ曲げられるか、ということも。


そしてこのような集団催眠は、生き残っていくために必要な、自動的なシステムとして機能しているのではないか。

そして、それをたくみに操作する人がいた。

いや、もしかしたら、その人も知らないうちに、そこまで認識しないまま、行ってきたのかもしれない。

ナチスのジェノサイドの時だって、どれだけの人が真実を認識していたのだろう？

あの悪名高いヒトラーでさえ、良いことをしていると信じていたらしいし。

周りの人たちも皆、良いことをしていると思い込んでいたらしいし。

医学の発展のためにと、生きたままの人間を対象に人体実験を繰り返していたというのだから……。


今の日本は一体どうなっているのでしょうか？


人間性の不思議さを垣間見る思いです。

人はどこまで悪になれるのか、どこまで愚かなのか。

なんて考えていくと悲しくなってしまうのですが、事実として認めざるを得ない証拠がいくつもあります。

1・8・1　「自分で考える」ことをやめただけ

「エルサレムのアイヒマン」をご存知でしょうか？

ナチスによるユダヤ人虐殺計画で、600万人を「処理」するための効率的なシステムの構築と運営に主導的な役割を果たしたアドルフ・アイヒマンの裁判がエルサレムで行われました。それを傍聴していたハンナ・アーレントは、その模様を「エルサレムのアイヒマン」という本にまとめています。

アイヒマンは皆がイメージするような極悪人だったのでしょうか？

異常なサイコパスだったのでしょうか？

「なぜそんな残虐なことをしたのか」という追及に対してアイヒマンはこう答えます。

「私はただ、上司の命令に従っただけです」

アイヒマンは、ユダヤ人に対して憎しみを持っていたわけでもなければ、苦しむ人を見て快感を覚えるような精神異常者でもありませんでした。

ただ、任務を一生懸命こなそうとして、忠実に遂行していくという真面目な小心者にすぎませんでした。

アーレントはこのことから、「凡庸な悪」についてこう語っています。

「悪とは、システムを無批判に受け入れることである」

つまり、悪は、何も特別な悪意を持った人が行うものではなくて、ただ、無批判に従うという行為によって行うものであるということなのです。

悪いことをやってやる！　と意識的に行うのではなく、権威や組織のシステムに従って、無批判に受け身的にこなしていくところにある、というのです。

どうしてこのようなことが起きてしまうのでしょうか？

システムが良くないとわかってながらも、ほとんどの人は、それを変えようとしても無駄だと諦め、その中で「うまくやっていく」ことを考えるからなのです。

つまりそれは、身の安全を守るためであり、ポリヴェーガル理論で言われる「安全」と「絆」を守るために自動的に発動される脳神経系のシステムであり、言葉を換えると、サバイバル本能のなせる技であるからなのです。

しかし、それによって引き起こされた悲劇はどのようなものだったでしょうか？

ごくごく普通の人が引き起こす、この悪の構造は、多くの人に衝撃を与えました。

特に被害者であったユダヤ人たちは、アイヒマンが極悪人でなければ気持ちがおさまりませんでした。

自分たちと同じような人間であるはずがない！

アーレントの論考は、ユダヤ人を含め多くの人々の反発を買いました。

可哀想なことに、アーレントは親友にまで非難され孤立してしまうことになってしまいました。

それは、誰もこのような不都合な痛い真実を受け入れたくなかったからです。

自分自身も、こんなにも簡単に悪の手先になり得ることなど、信じたくもありません。

「自分で考える」ことをやめて従うだけの人は誰でもアイヒマンのようになる。

凡庸な人間こそが、極め付きの悪となり得る。

しかしこれは、ナチスという特別な時代の状況下で起きた、私たちには関係ないことだと思いたいですよね。

そこで、スタンレー・ミルグラムという社会心理学者が、アイヒマンの心理について検証実験を行いました。

１・８・２　権威に従うだけ

これは、アイヒマンのようなことが普通の人にも起きるのか？「良心に反する指示でも権威者に従うのか」を調べるためのものでした。
このミルグラム実験は、別名アイヒマン実験とも呼ばれます。
よくできた映画がありますのでご覧ください。（『アイヒマンの後継者』２０１５年製作）
ミルグラム実験の表向きの説明は、「罰を与えると記憶にどのような影響をもたらすか」というものでした。生徒役が解答を間違えると、教師役が電気ショックを与える仕組みです。

実験は次のように行われました。

まず、実験者は被験者に、生徒役に高圧な電気ショックを与えるように指示します。実は、実際に電気ショックは流れることはなくて、生徒役はサクラでした。

電気ショックのボタンは、生徒役が間違えるたびに高電圧になっていきます。最初は15Vで、最高は450Vまでありました。電気ショックを与えられたふりをしている生徒役は、悲鳴をあげたり、やめてくれと嘆願したりするわけです。300Vを超えると、もう声も聞こえなくなるというものでした。

ここまでくると、教師役は実験者に指示を仰いだり、「続けなければならないのか」と尋ねたりします。しかし実験者は、このまま続けるように強く主張しました。その結果、ミルグラムの実験では40人中、少なくとも26人が、最大の強さで電気ショックを与えたというのです。

この実験結果は大きなショックを与えたために、いまだに世界中で追実験が行われていますが、やはりどの国のどんな階層の人であっても、似たような結果が出てくるようです。「良心に反する指示でも権威者に従う」ということは、実は日常的によくあることではないでしょうか。

「ただ命令に従っただけ」で、誰でもアイヒマンになるということが証明されたのでした。

1・8・3　自発的隷属

それにしても、自分の頭で考えることをやめ、権威に従った結果、このような大きな悲劇が起きてしまうのはなぜでしょうか？

自分で考えて、自分の行動を自分で決めることは、自尊感情が満たされて楽しいことではないでしょうか？　快感なのではないでしょうか？　人から指図されるより、自分でやりたいと思ったことをやる方が絶対楽しいし、良い成果が期待できますよね。

通常の心理学では、「自己決定理論」として知られています。

しかしなぜ、ここで人任せにしてしまうことが起きてしまうのでしょうか？

16世紀、モンテーニュの友人であったラ・ボエシは、『自発的隷属論』という論考を16歳か18歳の時に書いたとされています。その中で、権力者のおこぼれにあずかりたいとりまきたちは、喜んで自分から奴隷のように従うのだと言っています。

そして、支配されることの中に喜びを見出しているようにさえ見えると言います。

20才にもならない純粋な眼差しのラ・ボエシは、強い口調でこう言います。

「臆病と呼ばれるにも値しない、それに相応しい卑しい呼び方が見当たらない悪徳」

そして、それを「自発的隷属」と呼びました。

生まれつき、自由を求めるはずの人間が、なぜ自ら進んで自由を放棄してしまうのか。

そこには何か快感があるに違いありません。

ここで思い出すのは、リンカーン大統領が奴隷解放を行ったときに、奴隷たちから、自由はいらない、それより奴隷に戻してほしいと懇願されたというエピソードです。

奴隷に甘んじて自由がないというのは、人間性の放棄のように見えます。

でも、奴隷としての人生しか知らない人にとっては、自分が決めて自分が責任を取らなければいけない自由はしんどいだけで、恐怖でしかないわけです。

ここで思い出してほしいのが、ポリヴェーガル理論です。

人間は、神経学的に、サバイバル機能として自動的に「安全」と「絆」を一番に求めるようにできているのです。

そう考えてくると、隷属状態で得られる「安全」と「帰属」は、自分で何もかも決めて行動しなければいけないという自由よりも魅力的に思えるのかもしれません。考える以前に、人は無意識的にそのように判断・行動してます。そして、やっていることは「酸っぱい葡萄のキツネ」と同じ、合理化です。

そこに、「思いやり」だの「平和」だの美しいスローガンで呼びかけられたら、飛びついてしまうのも当然？

さらに、お金やら名誉やらがついてくるとしたら、どうでしょうか？　最高ですよね。

そうやっていい気分のうちに、進んで喜んで奴隷になっている人たちがどれだけ多いことでしょう。ああ。

第2章

コントロールの解き方

ここまで読んできたら、なんだか絶望的な気持ちになってしまった方もおられるかもしれません。

人間って、なんて愚かなんだ……。

そして、自分も知らないうちにそうなっているなんて……。

歴史は何度でもこの愚かなことを繰り返している……。

救いはあるのだろうか？


はい。

あるのです！

あるから、この本を書いているのです。

2・1　従わない人たち

ほとんど全ての人が、だまされコントロールされてしまった……。

それにもかかわらず、少数ですが、従わなかった人たちがいます。

それはどのような特徴を持った人たちだったのでしょうか？

ワクチンを打たない人たちは教養がなく、貧しい人たちだったというアメリカの報告を見たことがありますが、本当でしょうか？

「バカな奴らがワクチンを打ってないのだ」

そういう印象操作に使うためのデータのように私は感じてしまいましたが、これはある程度妥当性のあることかもしれません。

というのは、今回こぞってなびいてしまった人たちが、いわゆるエリート層に多いという印象があるからです。

官僚、大企業にお勤めしていたり、医者や大学教授、また華やかなビッグテック産業で働く人たちだったりします。

これらの人たちは、ワクチン産業を推進することでなんらかの利益がある方々のようでもありました。

コロナ景気と言われるほどに大儲けをした医療関係者の倫理観が問われていますが、やはりお金の誘惑の前に目が眩んで真実が見えなくなってしまっていたためでしょうか。

または、ＷＨＯや厚労省、医師会などが推進することが正しいと信じ切っている人たち、それはもしかしたら身内や友人がそういうところで働いている人たちかもしれません。

身近な人たちと意見を異にしたくないですものね……。

そしてＩＴなどの科学技術の進歩が素晴らしいと感じている人たち、そういう、エリートと呼ばれる人たちがまずコントロールされてしまっている印象を受けます。

また、ワクチンは危険だと声を上げている人たちは、現役を退いた名誉教授クラスの人たち、勤務医ではない町医者、独立したジャーナリスト、自由業の人たちが多いことにお気づきでしょう。

つまり、声を上げることによって、解雇されたり職場で干されたりすることがない自由な人たち、また、家族親戚知人友人など身内に、ハラスメントの害が及ばない人たち、あるいは危害が及ぶことを覚悟の上で、使命感から発信している方々と言うことができるでしょう。

また、表立って発言はしないけれど、内心その方々を応援している人たちは、現行の医療や教育、社会政策などに疑問を持っている人たちではないでしょうか？

そういう人たちは、今の社会システムの矛盾に以前から気がついていて、おかしい、変わらなければという意識を持っている人たちです。

それは、代替医療、フリースクールなどを実践している人たちに多いという印象があります。

いわゆる、メインストリームにいない人たちです。

もう一つ私が持っている印象は、いわゆるスピリチュアルな人たちはあまりコントロールされていないというものです。

この方々は、独自の世界観を持って現代社会を俯瞰している人たちでしょう。

やはりメインストリームやエリートではない人たちですが、自分自身の直感やインスピレーションに従って生きている人たちです。

アメリカのアーミッシュの人たちは、マスク・ワクチン・ロックダウンなどの対策は全くしていないにもかかわらず、コロナ感染とは無関係でした。アーミッシュの人たちは、アメリカ東海岸にコミュニティを持ち、いまだに昔風の生活を守り続けて、電気もガスも科学技術も使わずに畑を耕し伝統的な暮らしを続けている人たちです。

当然スマホやテレビもありません。馬車に乗って農作物を街に売りに行きます。学校にも行きません。19世紀の衣服そのままで、映画の世界がいきなり現れているような、ノスタルジックな風景です。

実は、私の友人に、アーミッシュ出身の女性がいました。正確には、彼女のお母様がアーミッシュでした。16歳になったアーミッシュの人たちは、一旦外の世界に出てみることを許され、そこで自分の意思によってアーミッシュ部落に戻るか、外の世界に出ていくかを選択できるのだそうです。向学心に燃えていた彼女のお母様は外の世界に出ていく決心をしたのだそうです。

映画のようなロマンスがあったとも聞きました。そして彼女は、アイビーリーグの大学の医学部に入学するような優秀な娘を産んだのでした。ちなみに、こうやって外の世界を知る機会を与えられているにもかかわらず、ほとんどの人はアーミッシュ部落に戻ることを選択するのだと聞きました。

この方たちがパンデミックの時代にどうしてこられたか、フィールドワークをしてみたい気持ちがむくむく湧いてきました。しかし、各方面にとって都合が悪いデータのようで現段階では却下されてしまうに違いありませんね。

2・2　宇宙人はコントロールされない

このようにコントロールされてない人たちを見ていると、次のような特徴が見えてきます。

1. 従わなくても大きな不都合がない人
2. 経験的にコントロールによるダメージを受けて知っている人
3. 科学技術より自分の身体感覚のような直感を信じる人
4. 嘘が嫌いな人、誠実な人

そしてまた、人目をあまり気にしないで、「王様は裸だ！」と空気を読まず、見たこと思ったことをそのまま表現する、という子供のような無邪気さという特質を持った人たちかもしれません。

また同時に、自分自身の生き方や在り方に自信を持っていて、権威や名声などに惑わされない揺るがない人たち、かもしれません。そういう方々は、不安や恐怖に呑み込まれてしまうことも少ないのでしょう。社会的には、ゴーイングマイウェイの孤高な狼だったりします。

そういう人たちは、誰がなんと言おうとも、自分自身で確かめたり、真実を追及する人たちでもあります。

付和雷同することなく飄々と生きている。

そんな人たちは、日本では、「宇宙人」と呼ばれるタイプかもしれません。

人目が気にならないという意味で、発達障害などと言われることもあるかもしれません。

やはり個性的なタイプでしょうか。

2・2・1　不都合が少ない人

従わなくても大きな不都合がない人はコントロールされにくいと書きましたが、ここまで皆がだまされて操作されてしまうような状況においては、どんな人でも、コントロールされないというだけで様々な迫害を受けてしまうのが実情です。

最悪、命が狙われ、何人もの方が命を落としています。

そのために、内心いろいろな矛盾や葛藤を抱えつつ、コントロールされたふりをしてなんとかやり過ごす。そんなことをしているうちに、いつの間にかコントロールされてしまっていたという人も多いことでしょう。

小心な人は、人と違う意見を持つとか、変な目で見られるとか、それだけでもう十分なようです。

皆、安心したいのです。

ポリヴェーガル理論で説明したように、誰もが、生き残るために人と繋がっていたいのです。

分断されてしまうことに耐えられる人は多くはいない、のが実情です。

2・2・2　以前から変なことに気がついていた人

経験的にコントロールされるダメージを痛感している人というのは、例えば、衆議院議員でいらっしゃる薬害患者の川田龍平さんですとか、今までだまされ虐げられ搾取され続けてきたアフリカの方々だったりします。実は私自身、医療機関や高等教育機関の中で、誰にも言えないようなひどいことを見聞きしてきました。

組織を存続させるため（?）に、いろいろなハラスメントが横行している事実がある。けれど、不都合で声を上げられない場合も多い。

体よく辞めさせられたり、心身を病んで辞めていくしかない。残念ながら、そんな状況は少なくありません。

そのような経験を直接体験として持っていたら、今回のような、大きな犠牲が出ることがあらかじめわかっている事柄について、黙って見過ごすわけにはいかなくなります。従わないという選択を、命がけで行っている方々は多いのではないでしょうか。

2・2・3　直感的な人

そして最後に、直感を信じる人たちについて説明してみます。

直感というのは、こういう気がする、というだけです。

エビデンスも根拠となる見えるデータもありません。

もっと言えば、物事が起きる前から見えてしまっているというか。


動物的な感と言えるかもしれませんが、インターネットもスマホもなかった頃、平安貴族のように歌をやりとりして恋人を思っていた頃には直感というものが今よりずっと普通に働いていたようです。

女性の方が強いと一般的に言われていますね。


第六感とか、スピリチュアルと言って良いかどうかわかりませんが、そのようなうまく説明できない認識のあり方が確かにあります。

心理学的には、このような働きを超越的あるいは実存的認識と呼びます。

現代心理学の枠組みではうまく説明しにくいのですが、量子力学的、または哲学的な説明はある程度可能なようです。

単純に言えば、私たちの意識がアクセスできる集合無意識的なデータベースがあって、そこには時空を超えた全ての意識や知識などがある。自分の経験に関係なく、そこにアクセスすればいつでもどんな情報も得られる、ということ。

これは多くの場合無意識的に行われていて、これがインスピレーションと呼ばれていたりするものだという説明です。

芸術家にはこのような感覚の持ち主が多いという印象があります。

つまり、言葉や論理的思考を超えた何かにアクセスする能力です。

気をつけなければいけないのは、自分自身のあり方に従って、どのデータベース情報にアクセスするかが変わってくるということです。

インターネットでも、よく検索する項目がどんどん情報アクセスしやすくなってくる仕組みにお気づきだと思いますが、同じことがスピリチュアルな世界でも起きるということです。

スピリチュアルと言われる分野は非常に強力なために恐れられてきました。

「悪魔は天使の顔をしてやってくる」

予言されているから正しいとか病気が治るから良いことだ、とそう単純ではないのです。

聖書によれば、病気治しや奇跡など、悪霊でも簡単にできるようです。

そうだとしたら、一体どうしたら良いのでしょうか？

2・2・4　嘘が嫌いな誠実な人

私は初め、このような性格傾向を持っている人は、嘘に耐えられなくて、従わないはずだと単純に考えました。が、実は今回フィンランドの友人たちをみていると、決してそうではないということにも気がつきました。

素直で従順な良い子タイプの人たちは、嘘は嫌いで決まりをきちんと守る、誠実な人たちです。そういう大好きな専門家の人たちに、きちんと話し合おうと論文やデータをどれだけ送ったことか……大好きで大切な人だからこそ、一生懸命、危険に気がついてやめてほしいと思い、諍《いさか》いになるのを覚悟で何度もトライしました。

しかし、信じ切っている前提となっているワクチン信仰のようなものは、どれだけ世界的にあきらかなデータを示しても納得してもらえず、私は陰謀論者で危ないと心配される始末でした。日本人の友人たちには、上手にはぐらかされ、この話題に触れないという態度の方が大半でした。2024年の今だから、ワクチン実は打ってないんです、という告白をする人たちが出てきました。しかしまだまだ触れたくない話題のようですね。

私は一般的な常識として、以下のような試験問題を作成してみました。

「ワクチンは自然免疫を下げる」
「ワクチンは感染を防ぐ目的で開発されたものであり、重症化を予防するための機能はない」
「高齢者、妊婦、持病のある方などは、ワクチン接種に注意が必要である」

これは今回に限ったことではなく、免疫学の常識とも言える当たり前のことだと思うのですが、驚いたことに、専門家から、これはまずいから変更するようにとクレームが来ました。

私は、科学的根拠はある事項であるし問題はないと答えたのですが、「厚労省が言ってきたことと違うから問題になる可能性がある」という意見でした。

私は、もし問題になったとしたらきちんと科学的に説明できるし、真実に直面する良い機会になるとまで思いました。職場で干されるのは覚悟の上です。私は、科学者の倫理として科学的根拠に基づいた事実を伝える責任があると思っているので、この件について少しばかり議論してみました。その時あきらかになったことは、今まで何もこの問題について触れることもしないで素直に政府に従っていた同僚も、実は、身近なところでワクチン死や後遺症被害などに遭遇して、危険であることに薄々気がついているということでした。

それを聞き出せたので、勇気を出して問題を出してみて本当に良かったと思いました。

結局、私が主張していることは正しいに違いないということにはなりました。それでも、問題を起こしたくないから改めた方がいいという、複数の同僚の意見に従う選択をすることになったのですけれども。この経験を通じてわかったことは、黙って従っている人たちの中には、実は真相はよくわかっているけれど、認めると自分の社会生活が脅かされるために知らないふりをしている人が多いということでした。

私と話した同僚は、信頼できる人格的にも優れた誠実な方々です。そうでなければ私は話す勇気を持てなかったでしょう。しかし、そのような信頼できる尊敬に値する方々であっても、自分自身の仕事上の立場と心の安定の方が、問題提起して戦って非を正すことより優先していることがわかりました。それが職場での倫理という美徳になるわけです。

どのような良い活動や生き方であっても、健康を損ねてしまっては何もできなくなって、元も子もないというのは事実です。それぞれの役割があり、できること・できないことを見極めて最善を尽くしていくことが重要だと思います。

何人もの専門家の方々が、命懸けで主張して情報発信してくださっているのを見ると、胸がいっぱいになります。私は私のできることで、心から応援しています。

２・３　情報のオートファジー

２・３・１　実体験からのひらめき

マインドコントロールの解き方＝情報デトックス＝情報断食？

何もしないでいる時に、本質にアクセスする＝瞑想？

このひどい情報コントロールを解くにはどうしたら良いのだろう……。

脳をリセットするには？


いきなりひらめいたのが、体のオートファジー、つまり断食からのインスピレーションでした。

肉体のデトックスに最適なのが断食であるのと同様に、脳にも同じようにインプットをやめてみたらいいんじゃないか！　ということです。


実は私は何も調べもしないし勉強もしないのですが、なぜか昔から、いろいろなことがわかってしまうみたいです。

嘘がわかるし、この世界的なパンデミック欺瞞のカラクリも初めからわかっていました。

なぜなのか、自分でもその理由はよくわかりません。

一つ言えることは、私の頭が空っぽで何も入ってないから、天からのインスピレーションを受けやすいんだろうなということです。

そうなのです。

何もしないで何も考えないからわかるのです。


実はこれは、告白すると、小さい時からの私の本当の姿です。

勉強しないのにわかる、というか、しないからよくできる？


そういう人でした。

なので、嫉妬をかってしまって？　皆からかなり嫌われ、いじめられ、がんばって勉強しているふりをしました。

それはみんなとお友達になりたかったからなのです。

2・3・2　勉強したら馬鹿になる

勉強はずっと嫌いでした。

小学校に上がった時から、窮屈な教室に座らされてわかり切ったことを何度も繰り返し聞くのが苦痛でした。

そういう時には、空の雲を見てうっとりしていました。

先生は、よそ見をして聞いてない！　と私に質問して注意を引こうとする。

私は聞いてなくても完璧な答えをする。

授業参観の日にそういうエピソードがあったと母から聞きました。


学校がずっと嫌いでした。

決まり切ったつまらないことを暗記させられると、脳が拒絶反応を起こします。

大嫌いだから、できるだけ省エネにして、最低限義務教育の授業時間だけはなんとか耐えて、帰宅したら何もしないでボ〜ッとお空を見ていました。

宿題？　授業時間内に全部やってしまっていました。

高校生になる頃には、学校に行ったふりをして図書館に行って好きな本を読んで過ごしたりもしました。


この学校という牢獄から離れるためには、独立するしかない。

そう思ったから、故郷から離れた大学に行くことにしました。

親から離れたい、でも経済的自立は無理、としたら大学に行くしかなかったのです。コントロールされる社会に耐えられなくて、就職は無理だと思ったから大学院に行きました。

そこでもいろいろあったのでその頃自由な天国のように見えた海外に行きました。

いろいろありましたが、（別の本でまとめようかな〜こちらは）私はいつの頃か、本を読むことさえやめました。

テレビもうるさくて嫌いだし怖いこと美しくないことを見るのも耐えられないから、ニュースも見ない、悲惨な歴史も知らない、嘘っぽくて知りたいと思えないし。

性や暴力だらけの映像も無理だから映画もほとんど見ない。

ディズニーのお子様向けの映画でさえ暴力満載で耐えられないから、私には無理なのです。

ひどく下品な性的サブリミナル効果が報告されていますね、そのせいかもわかりません。

このように、私は極端に過敏な感性を持っているために、かなり閉鎖的な環境に自分を置いています。

本を読まないというのはかなり徹底しています。

小さい頃から現実逃避にはもってこいだったので15歳くらいまではよく読みました。

しかし、好きすぎて現実から離れてしまうのは、人間として良くない、不健康だ！　と読むのをやめてしまいました。


人が書いたものはその人の考えだから、真実もあればそうでないところもある。

それより一番確実なのは、自分の経験と観察から物事を見つめることです。

人生を知るには、勉強しないのが一番だ。

そんな極端な考えを持ってやってきました。


私には偏った思い込みがあるんです。

「勉強したら馬鹿になる」

つまりその情報にコントロールされてしまい、純粋に考えられなくなる。

とはいうものの、言葉にしても考える材料としての情報も最低限は必要になります。だから、本当に最低限でいいのです。

自分で考えるスペースがなくなるほど情報を詰め込まないでください。

データベースは、記憶が得意なＡＩにお任せください。

２・３・３　情報のオートファジーを

多くの人は、問題が起きたときに、どうしてだろうと解決法を探ります。

例えば、病気になったら、栄養をつけなければとか、症状を治すためにお薬やサプリ、健康食を採ろうとしますよね。


ひどいシェディング被害にあっている私の究極の解決は、徹底したデトックスであるオートファジー、つまり、食べないということでした。

食べると症状がぶり返すことを何回も経験してきています。

でも、美味しそうだったり、皆と繋がりを持ちたかったり、愛する人が心を込めて作ってくれたりすると、食べてしまいますけれど。

たまにそうして具合悪くなっても後悔しません、デトックスすればすぐ治るので（笑）。

洗脳を解くためには、つまり脳のデトックスにも体のデトックスと同じことが有効だと思いました。

情報断食です。

ニュースや新聞テレビを見ないのはもちろん、有識者のセミナーや著書、ＳＮＳなんかも見ない。

とにかく何もしない。

そして、誰にも会わない。

誰とも会話しない。

ただただ、一人静かに過ごす。

人工的なものができるだけ入ってこない環境でというと、山奥とか深い森の中とかが最高です。

もちろん携帯もＷｉ－Ｆｉもない環境です。

こうして脳にインプットされる情報がなくなるときっと脳は記憶貯蔵庫の整理を始めます。

情報や刺激がない状態には耐えられないからです。

感覚遮断実験の結果（注７）はご存知であればわかりますよね？

注７

感覚遮断実験は、１９５０年代にカナダの大学で行われたもので、ゴーグル・手ぶくろなどで全ての感覚を極力制限する状態で、どれだけ寝ていられるかを調べた実験です。感覚制限に耐えられなくなった被験者は、意識水準が落ちたり幻覚を見るようになったりしたといいます。

ここまで読んできたら、そんなこと無理だ、非現実的だと思われるかもしれません。

でも、森田療法という精神療法を聞いたことがありますか？

何日も誰にも会わないで一人で静かに過ごし、自分を振り返るというあり方です。

これも、悩み苦しみという心の不純物をデトックスするやり方で、国際的にも有名です。

何もせず、何も人工的なものがない環境で美しい自然の中で、爽やかな空気、春の息吹を吸い込み、小鳥の鳴き声を聞き、太陽の柔らかな光を浴びて、思いっきり背伸びをしてみる。

気が向いたら歌ったり踊ったり絵を描いたりするのも良いでしょう。湖で泳いでみるのも良いでしょう。

そんな生活をしていたら、脳が自然にリフレッシュします。

２・４　自分をコントロールしないで

無理矢理に、洗脳を解く！　なんて理詰めで攻めても全く歯が立たないことは経験済みです。

薬でコントロールするなんていうのは、洗脳状態から別の洗脳に移るだけで意味がないばかりか、すごく大きな害です。

北風と太陽の喩えのように、無理にやってもますますしがみつくだけですから、心地よく優しく自然に寄り添いながら、幸せな時間を過ごしませんか。

それが、究極の洗脳の解き方だと私は思います。

生まれた時からずっと洗脳状態にある人の脳は、かなりこびりついて固まっているために、相当時間がかかるかもしれません。

せめて、子供たちの洗脳は今すぐやめましょう。
学校は辞めてしまいましょう。
自然の中で遊んでいたら、本当に一番大切なことは、自然に身につきます。
自然こそが素晴らしい教師だから。

受験、お受験！
ああ、これは全部洗脳の装置です！

私的には拷問です。
バカになるための努力はもうやめて、美しい地球を満喫しませんか？

学歴が必要？
私の経験から話すと、これものすごい思い込みの洗脳です！
とことんバカにさせられるだけです。
それ以上に、心が歪みます。
おかしな狂った人たちの中にいたら、健全な心もおかしくなってしまいます。

それで私は辞めました。

「個人的な経験だから全ての人に当てはまるとは言えないよ……」
もちろんです。

でも、高学歴エリートの見事な洗脳されっぷりを見てください。
なぜ？　と思いませんか？

それで見えてきたことが、これなんです！

情報デトックスしなきゃ。
教育されてきたこと、教え込まれたことを全てデリートして
生きる、とか
いのち、とか
愛、とか

最も大切なことをインストールし直す必要があると思ったので書きました。

何もなくなったら、一番大切なこんなことだけが残るのです。
無理なく自然に単純に本質に戻るだけなのです。

私はたまたま心身とも過敏なために、この社会に馴染めなくて、一人でこもってしまうことが多いために、隠遁生活が身についています。
ＨＳＰですから対人的にも消極的です。

繋がりが大切ということがわかりながら、あまりにも変わりすぎているために理解してもらえないし他者を理解するのも難しくずっと苦労してきました。

でもきっと、こういう時代になって気がつく人もいるのではないかと思いました。

本も読まない方がいい、

ＳＮＳもやめた方がいい、

基本はそうなんですけれど……。

やめた方がいいということに気がつくためにだけ、この本はちょこっとだけ、読んでほしいなと思いました。

私の経験がお役に立つことがあれば幸いです。

ＡＩＮＯ

あとがき

私は、船瀬さんにはどうしてもお会いしなければいけないと思い、自分の健康を過信して新宿まで公共交通機関を使って移動しました。

その結果、その夜から具合が悪くなり１週間ほど臥せっていました。

東京の人混みによるシェディング以外にも、何かの衝撃があったのかもしれません。


最先端の物理学でも、この世は全く合理的ではないことが明らかになっています。

それに対して、なんとか合理的に答えを出そうとする、説明しようとするのが人間です。

わかりたいのです。

わかったら対処できる、解決できる、
そう思いたいのです。


でも、それは、残念ながら幻想かもしれません。

医療の分野でも、原因やメカニズムなんてどれだけわかっているのでしょうか？

「わからない」と正直に言うと患者が不安になってしまうために、「わからない」と言えるドクターは少ないと思います。

言ってはいけないと思い込んでいるのかもしれません。


その思い込み、思い上がりが、このような悲劇を生んでしまっているように思います。

わからないままだと不安だからです。

でも、人生とか社会というのは、究極には誰もわからない。

唯一わかっていることは、
この「わからない」
ということだけではないでしょうか？

私は生意気にも、自分が経験したことしか信じられない人なので、権威や有力者や師匠、もっと言えば神様仏様さえ、ある意味距離をとって見ていると言っても良いでしょう。

この世に絶対はあり得ないと思っているからです。

人間はどんなに素晴らしい人でも欠点はあるし間違うということがよくわかっているからです。

もちろん自分の経験も同じように、自分の偏見というフィルターを通しているので偏りがあるのも事実です。

ですから、私がここで書いたことも、丸ごと信じないでくださいね。


こんな面白い人がいるのか、と楽しんで読み飛ばしてください。

そして大いに笑って、愉快に過ごしませんか？

この史上最大の大スペクタクルが繰り広げられている舞台であなたは、どんな役割を演じ切りますか？

ＡＩＮＯ

第3部　どこに向かっているのか

船瀬俊介&AINO

第3部は2023年11月14日Zoomでの対談を基に文字化したものです

洗脳とマインドコントロールは違う

船瀬　まず、洗脳とは何か……？

それは真実、事実と異なる情報を信じ込むことですね。

そして、そのように第三者に思い込まされることです。さらに、それを信念とさせられる。

そして、ついにはそれが信仰レベルまで達してしまう。これが〝洗脳〟の本質だと思います。ある意味恐ろしい現象ですね。

あなたは、洗脳とはどう思いますか？　心理学的に説明するとどうでしょう？

AINO　専門的な言い方をすれば、洗脳とマインドコントロールは少し違うんですよね。マインドコントロールは洗脳よりソフトな感じというか。
洗脳というのは、よくカルトなどで行われているような、薬物を使ったり特殊な環境の中で行われているもので。それに対してマインドコントロールは、どちらかというと、みんなが気がつかないうちにやられてるって感じがしますね。

船瀬　〝洗脳〟はハード。〝マインドコントロール〟はソフト、という分類ですね。〝洗脳〟には次のイメージがありますよね。恐怖とか、食べさせないとか……。いろんな極限状態の中で行われる……。

そういうとき、やっぱり脳がうまく判断できなくなる。だから、追い詰められてしまう。オウム真理教とか、そんなカルト教団でありましたね。あとは、CIAの洗脳実験〝MKウルトラ〟がそうです。

国家権力による、そういう軍事的組織による〝洗脳〟もある。

専門的には〝洗脳〟は二つに分けられます。

(1)悪意はなく無意識で行われるもの。(2)悪意的に故意に行われるもの。

後者は強制的にマインドコントロールする。コロナワクチンなど典型です。

CMなどは、一見、悪意なく善意で流しているように見える。だけど、その底には〝悪意〟がある。

髪の毛が抜けるシャンプーを「髪をすこやかに！」なんてCMしている（笑）。合成洗剤や市販薬、化学調味料……などウソのCMはゴロゴロある。

日常生活にも「洗脳」だらけだ。悪意と言うと言い過ぎかもしれないけどね。

人間関係でもそうですね。

みんなやっぱり自己中心的でしょ。自分は何か得したい。ちょっとしたことでだましてる。そんなことも、日常的によくあるんじゃないでしょうか？　まちがったことを信じてる。それを人に伝える。すると結局、相手を「洗脳」していることになる。

人間をバイオコンピュータと捉えるとわかりやすい！

船瀬　僕はね、人間ってのはバ、イ、オ、コ、ン、ピ、ュ、ー、タ、だと思う。

そう考えると実にわかりやすい。まず、「先入観」、これがいわゆる「常識」ですね。これがバイオコンピュータの「基本ソフト」（ＯＳ）だと思う。

そして、「基本ソフト」はデリート（消去）しないと、次のソフトはインストールできない。そうでしょ？　後でインプットされる情報は「後入観」となる。

これは「先入観」を消去しないと脳に入らない。

そこで無理にインストールしようとするとトラブル、軋轢《あつれき》が起こる。

要するに基本ソフトで、動いてるコンピュータに無理やり次のソフトを入力しようとする、それは無理じゃないですか。

1回デリート（白紙化）しないと次のソフトはインストールできない。

それはいわゆる「後入観」なんです。だから無理に情報をインプットすると、バイオコンピュータ（脳）にはノイズとなる。バグとして判断される。あるいはコンピュータが混乱して、時にはフリーズする。誤ったパニック情報を流してしまうと脳もパニックになる。

このようにコンピュータと考えると、わかりやすいよね。

AINO　なるほど。それも一つの説明ですね。物理学的に科学的に証明できそうですね。
心理学の方では、またちょっと違う説明もあるみたいですが。

船瀬　見方の角度だね。僕は、人間の脳をバイオコンピュータと考える。すると非常にわかりやすい。コンピュータのパニックやノイズ化けは情報処理しきれないから起きる。

情報処理で混乱が起こると生理も反応して混乱する。

すでに書いたように、認識の混乱は生理の混乱に直結する。

認識の混乱が生理の混乱に直結するとき、生理現象はどうなるか？

交感神経が緊張し痙攣《けいれん》する。これ面白いね体は、入力された情報を外敵と判断するんですよ。外からの攻撃と判断してしまう。そしてコルチゾールという不快ホルモンを放出する。それから、さらにノルアドレナリンという攻撃ホルモンとか、アドレナリンという怒りのホルモンが放出される。

これは全て外敵に対する反撃のホルモンです。

これ、けっこう知らない人、多いと思う。コルチゾールは弱い毒物です。そして、アドレナリン、ノルアドレナリンは毒蛇の毒の3倍から4倍という毒性を持つ。猛毒物質だね。これは副腎から一瞬で分泌される。体はかなわないよ。ムカムカする。だって毒物が全身駆け巡る。だからムカつくのはあたりまえ。あとコルチゾールも毒性物質です。だからイラつく、ムカつく。それは体が発する緊急シグナルなんです。

だから、基本ソフトと異なる情報が入ると、人間の体はそれを外敵の侵入と誤認する。要するにアラーム（警報）が鳴る。それに対抗するために不快ホルモン、コルチゾール、それから怒りのホルモン、続いて攻撃のホルモンという毒性物質が一挙に血液中に放出される。だから反撃するんですよ。心理学の「防御機制」で「反撃」ってあるでしょ。

僕はそのメカニズムだと確信してます。

これはとても面白い説明ですよ。日常的に、感覚的に理解できるかなと思う。

苦悩の本質は不快ホルモンと怒りホルモン!?

AINO　人間をバイオコンピュータと考える。その説明の仕方もとても面白いなと思った。けど、同時に、そうじゃない側面っていうのもあるような気がする。捉え方、見え方です。

船瀬　他の現象ですね、アングル変えてみるのも大切ですね。

AINO　いろいろなホルモンなんですかね、ストレスホルモンは毒物だというふうにおっしゃいましたよね。

船瀬　もちろん毒性があります。ストレス・ホルモンや怒りのホルモンは程度の差はあっても薬物です。

AINO　例えば、お薬も本物は毒物です。その〝毒刺激〟で元々症状をなくしたり、回復させたりするため。でも普通に取ると毒だったりもします。

船瀬　おっしゃるとおり、だから言ってみれば一種の刺激です。情報伝達物質なんです。

コルチゾールも、ノルアドレナリンもアドレナリンも毒性がある。と言っても、それは情報伝達のための物質です。体外にある敵を知らせる。

外敵の存在を体の内部に知らせる。情報伝達なんです。

だからアドレナリンの働きを、考えてください。

野生動物が、突然ね、曲がり角曲がったら敵に遭遇した瞬間。この動物が取る対応は「攻撃」か「逃避」しかない。

いずれにしても、瞬発的に行わなきゃいけない。すると、筋肉に瞬発的に酸素、栄養を補給しないと、一瞬の行動を取れない。だから、そのためには、アドレナリンをダーッと流す。血圧も上がります。

脈拍も上がります。さらに血糖値が上がりますね。そして、筋肉に一瞬で栄養を与える。

その反射パワーで攻撃してもいい。逃げてもいい。

だからこれは生き残るための情報伝達なんです。

野生の動物なら相手をガーッと攻撃したって、パーッと逃げたってそれで終わり。

ところが人間社会ではね……! そうはいかない。

上司からね「山田くん」と言われて、「君これは何だ!?」と叱られたとき。この上司が〝敵〟ですね。しかし、その人ブン殴るわけいかない。パッと逃げるわけいかない。

そこで必死で耐えるじゃない。

すると、いわゆる情報伝達物質・怒りホルモン、アドレナリンなどがダラダラ、ダラダラ出続けるわけですよ。

それがすなわち、不快ストレスとなる。不快とか苦しみ、苦悩の原因なんです。

元々、危機状態とはそういう状況ですよ。思い当たることあるでしょ。

不快ホルモン、怒りホルモンの分泌はそういう外敵アラームへの対応なのです。

攻撃も逃走も野生の動物は一瞬で行う。

すぐに、速やかにアドレナリンなどは肝臓で分解されて消えていく。

人間はそうはいかない。問題だよね。上司に噛みつくわけいかない。また上司から叱られるときにウワーッて言って逃げたらさ、もうクビでしょう。

だから、うつむきながら必死でその状況を耐える。

不快ホルモン・怒りホルモンがだだ漏れで出続ける。苦しいよ……。

僕はお釈迦様が言った「苦悩」というのはシンプルだと思います。

要するに、苦悩の正体はだだ漏れするコルチゾールとアドレナリンだと思う。

蛇毒の3倍、4倍もの猛毒がずっと一日中血液を巡ったら、もうこんな苦しいつらいことないよね。僕はこれが「苦悩」の本質、正体だと思う。

生理的に「苦悩」というものを説明すればそういうことです。

「苦悩」とは、まず……ムカムカする。吐き気もする。それとあとは形而上学的にはね、いろいろあると思います。けどシンプルに言えばね、ただムカムカするわけですよ。コルチゾールが出ると気分が悪い。アドレナリンはさらに毒性は、コブラの毒の3倍から4倍と言われてる。そんなのが、血液中巡ったらもう気持ち悪くて、苦しくてつらいよ。

僕はお釈迦様とキリストが言った「苦悩」っていうのは案外そんなところに行き着くか

なって気がする。

AINO　そうですね。

船瀬　それでは次いきましょうか？

AINO　あのちょっとそこで一言よろしいですか？
あの、船瀬さんがご説明されたことは、精神的なものは、ある程度生理的な現象で説明できるっていうことですね。

船瀬　イラつく、ムカつくとかね。うん。

AINO　それに関して言えば、私の章の中でポリヴェーガル理論のことをちょっと書きました。難しそうに見えますけれど、そんな難しくないんですよ。

ワクチンを打って安心感に満たされている人々の心理とは!?

AINO　いろいろ不都合な現代社会の人間がやってることがありますね。「攻撃」とか「逃避」とか昔のサバイバルのために必要なものがあります。
それが現代社会ではうまく機能してなくて、おかしくなってしまってる。

船瀬　その現象が今の社会では無意識的にも政治的な反応としても起きている。シンプルに言えば「攻撃」と「逃避」——。

AINO　それに加えて、あとみんなと繋がりたい。安全でいたい。それを普通だと思ってる。だから考える以前に反射的に神経伝達物質とかバーッと出てくる。そんな状態において誰も逃げない。私みんなと一緒にいたら安全かな、みたいなところにとどまっている。

それが今回のワクチンに言える。「なんか変だよね」「おかしいよね」。そう思いながらも、「みんなが打ってるから」って流れがあって流されていく。そういう現象に繋がってるんじゃないかな。

船瀬　面白いね。「みんなと、一緒でいたい」という心理ですね。

AINO　それはユングが言った集団的無意識です。

船瀬　そのとおり！　ユングは正しい。「集団の中で安心したい」という心理だ。それは本能に近い。人間は社会的動物だから。人間の不安と苦しみのホルモンっていうと、コルチゾールとアドレナリンに集約される。

だけど、人間の不幸ホルモンと幸せホルモンって分けると面白い。

幸せホルモンの一種でオキシトシンがあります。これは愛のホルモンと言われてます。

さらに快感ホルモンはエンドルフィン。それから、理性のホルモンはセロトニン。それ

なんだ。と感動のホルモンはドーパミン。これらは、逆にその人間を至福にいざなうホルモンたち

AINO 幸せホルモンは、「集団と一緒だ」っていう安心感の中で芽生えるものが多い。だから、確かにこの集団的無意識にいるとき、集団と同一である安心感からもたらされるものですよね。

船瀬 そうです。しかし、集団が地獄に向かってるときは、その集団の中にいることで、逆に地獄に向かうってことが起きる、日本の特攻隊みたいに……。

まさに、集団的無意識のパラドックスです。

AINO ある意味で集団主義の落とし罠というのかな。怖いなと思いますね。

船瀬 まさに今のワクチンもそうです。同調圧力っていうやつだ。快感を与える神経伝達物質もやはり量によっては怖い。例えばドーパミンだったか、過剰に出ると統合失調症を引き起こすとか……。

アドレナリンもその傾向がある。アドレナリンっていうのは酸化するとアドレナクロムという〝幻覚物質〟になります。統合失調症などの原因物質です。

ランナーズハイっていうのもありますね。例えば快感ホルモン。エンドルフィンは人間が死ぬ直前になると出る。肉体の苦しみの極限に至るとね、エンドルフィンが出る。快楽

物質が放出される。

だからクライマー（登山家）とか、マラソンランナーは、ランナーズハイ、クライマーズハイって言われる快感に襲《おそ》われる。それは、死の直前まで至るとね、極限の快感に至るからなんですよ。

AINO　元々、体のシステムというのは本当に、私たちが幸せに豊かに生きられるよう、自然に神はつくってる。

船瀬　そうです。極限の苦行と言われますね、よくお釈迦様とかいわゆる苦行や滝行とか、いろいろ極限のもう本当の苦行に至るとね、最高の快感に到達するんですね。

AINO　うん、私も何回か経験あるからよくわかります。

船瀬　だから要するに神様っていうか自然は、とにかく人間をね、最後まで「幸せに生かそう」としてくれてるんじゃないかなと思う。

AINO　嬉しいですよね。それなのになんでこんなふうになっちゃうんだろう。

快感幻想っていうのかな、要するに社会的状況と乖離した状態で、ワクチンを打った人は安心感に満たされてるわけですよね。

船瀬　これを、僕は、一連の本でズバリ書いた。

やっぱりね世の中を支配してる悪魔的支配者が歴然として存在してきた。

イルミナティ、フリーメーソン、ディープステート（DS）――。

僕は3段重ねの支配層と名付けた。

やっぱり、もうずっと永い間、彼らは人類にパラサイト（寄生）してきたんだよ。

人類を支配するための心理研究所がタヴィストック！

船瀬　寄生することで生きてきた連中だ。それは人間の心理についても同じ。やつらは、巧妙に〝洗脳〟してきた。

例えばイギリスにあるタヴィストック研究所というところは、もうすごいですよ。彼らは人間の心理を知り尽くしてます。やっぱりすごい。心理学者はそこで学ぶべきだと思うぐらい。人類をずっと支配するための心理研究施設です。

ヒトラーも22歳頃、彼らが養成した、と言われている。演説の仕方から何から何まで。半年ぐらいかけて徹底的に教えた。ヒトラーが実はイギリスのスパイだった!!

そんなこと聞いたら皆、笑うばっかりだと思う。けど僕は分厚い記録本、2冊読みました。誰も反論できない。つまりはヒトラーもある意味、被害者ですね。だけどその被害者の被害者つまり人類がえらいことになったわけだ。

AINO　人類みな可哀そうだ。
なんで……。そんなことが起きてしまうのか？
だって誰も幸せにならない。なのに、どうして？

船瀬　それを、ざっと説明すると元凶はヘブライ人ですね。

　彼らはね、「神に選ばれた」と主張してきた。

「ヤハウェという一神教の神に我々は選ばれたのである」。それが選民思想に繋がっている。

　彼ら以外は「獣」（ゴイム）という意味。だから、ユダヤ教徒以外は、ゴイムである。

　僕は、だからそれを断固否定する。

「……ユダヤ教徒以外はケダモノである。だから殺してもいい、だましてもいい、盗んでもいい、家畜にしてもいい」という。それが、イルミナティ、フリーメイソン、DSの根本的な発想に繋がっている。

だから「地球の人口を5億人にする」と、198

0年にジョージア州のガイドストーンにはっきり宣言している。彼らは5億人以下が「地球の理想的な人口である」と明快に宣告した。今80億ですから、9割以上減らすとはっきり言ってる。それは「殺す」という意味ですよ。

日本の今、ワクチンがそうだ。「医療」と「戦争」はそのためにある。

「人口削減」と「金儲け」のために行われてる。

そう言うと、99%の人は、「エエッ……!?」と絶句する。日本人は、ほんっとに穏やかな大和心があるから、信じられない。その気持ちもわかる。けれど、でもその方向に進んでる。そう言われてもね、僕らアジアの農耕民族は、それからアフリカのような熱帯の民族は、理解できない。

だって手を伸ばせば食べるものがある。汗流して働けば食べ物が手に入る。

というのは、アジア、アフリカとも同じところだね。

しかし砂漠の民であるユダヤ教徒はね、住んでるまわりには砂漠しかないんだ。

水だけでも、殺し合い、奪い合う――。そんな社会で、育ったユダヤの、思想はね、非常にある意味で残酷ですよ。

嫌でも……生きるか？　相手を殺すか？　相手が死ぬか？　自分が死ぬか？

そんなところで育った砂漠の哲学、宗教、思想はね、僕らの想像を超えてるよ。

そういう厳しいところで生き抜くために、「契約」っていう概念が生まれた。

彼らは神と、契約するわけでしょ。神ヤハウェという一神教です。我々アジアでこんな豊かな自然の中で生きている。だから山川草木悉皆成仏《さんせんそうもくしっかいじょうぶつ》という仏教の教えがある。

全てのものに仏性が宿る。

あるいはヒンズー教みたいに——大地から湧いた生命は全て「神」である。

そういう発想は、砂漠の民にはないんだ。なるほど、そこから彼らの残酷な思想は理解はできます。けどね、残酷といえば残酷です。

やはり、その方たちが1人、生き残るためだったらわかる。だけど今のパレスチナとガザ地区見ると、要するに「殺さなければ殺される」という論法でしょ、砂漠の論理だよね。

「ユダヤ教はなかなか使えるわい」
世界支配の道具にしてきた特殊な人々ハザール・マフィア

船瀬　その残酷な論法が、ハザールユダヤから生まれた。

この〝新しい〟ユダヤ民族はわかりやすく言うと7世紀ぐらいにユダヤ教に改宗した白人国家だ。ハザールという国は、いわゆるなりすましのユダヤだ。元々のヘブライ人は第

2級国民になっちゃった。ハザールらが実は「ユダヤ教は、なかなか使えるわい」ということで、世界支配の道具にして伸びてきた。それは、ロスチャイルドからだ。

彼らは元々ヘブライ人じゃない。ハザールという無関係な国の出身なんだ。

連中は7世紀にユダヤ教に国を挙げて改宗した。こいつらが〝悪〟なんだよ。

要するに、ユダヤ教自体も問題なのに、さらに「これは世界支配に使える」ということで、世界支配の武器にした連中がハザールだ。

このことは、ほとんどの人が知らないと思います。ユダヤ民族にも二種類ある。悪い方は結局、金融資本ロスチャイルドとロックフェラーという世界を支配する二大柱になっている。

世界の富の九割をシェアしてるって言われてるやつらです。

その8割はロスチャイルド、1割以上はロックフェラーと言われてる。裏で独占してる連中です。はっきり言ってイルミナティだ。この秘密結社は明らかに存在する。その人口比は0・1%くらいだと思います。だから、999人は、何も知らない素朴な人たちですね。

1対999。だから目覚めれば、僕らは勝てる。

ただ彼らも悲劇だと思いますよ。悪魔的のれんを守ってるわけだから、新世界秩序

New World Orderという。世界を丸ごと全て支配して、あらゆる国家と民族と宗教を全て破壊する。はっきり言ってます、英国の歴史家デーヴィッド・アイクが言ってるように彼らのルーツはレプティリアン（爬虫類型宇宙人）でしょうね。これはもう、宇宙にまで話がいく。

はるかはるか古代には爬虫類系の宇宙人が混血して、冷徹・冷血な支配を今行ってる。

そんなのは笑い話だと思ってたけど……。

デーヴィッド・アイクが言ってることは、今はそうだなと思う。

なるほどもう、人類の歴史は地球外生命体の関与を抜きにしては語れませんよ。

だから、僕は『NASAは〝何か〟を隠してる』（ビジネス社）を書いた。

それから『幽体離脱　量子論が〝謎〟を、と

く！』（ビジネス社）を書きました。これは決定的だと思います。

キリスト教で信頼できるのはイエスただ一人のみ！

ジーザス・クライストを、もうひたすら僕は尊敬してます。キリスト教でね、信頼できるのはイエスだけだと言ってもいい。

山上の垂訓は読むたびに涙出ますね。やっぱり救い人ですね。

人間の心理を本当にイエスはわかっている。キリストは本当の心理学者だと思う。

例えば、「汝の敵を愛せ」って言っている。

この言葉でキリストは最高の心理学者だと思った。

すなわち、「敵が来る」と思うと体の中にコルチゾールやアドレナリンなど毒蛇の４倍の毒が湧く。そうしたらもう、苦しくてのたうち回る。苦しい……。

「敵が来る」と思うからだ。ところが「友達が来る」と思うと、オキシトシンが出るんです。愛のホルモン。さらに快楽ホルモン、エンドルフィンが出る。気持ちよくなる。感動ホルモン、ドーパミンが出て、わくわく嬉しくなるんですよ。ただ、来る者を「敵」と認識するか、あるいは「友」と認識するか。それだけで体の反応が１８０度違うんです。

AINO　ただ問題もある。「汝の敵を愛せよ」とか、「右のほほを打たれたら、左のほほを出せと……。

船瀬　そうです。そこには、矛盾も生じる。だからそれは、無抵抗そのものです。ならこれは、もう本当に政治学のパラドックスだ。

日本の非武装中立がそうじゃないですか。要するに何て言うのか、〝綺麗な戦争〟よりも〝汚い平和〟を選ぶという言葉がありますね。

だから、それはね、僕は永遠のパラドックスだと思う。

AINO　それに対する一つの答えがあります。

合気道の精神です。戦わないけど相手の攻撃性をくるっと返す。相手の攻撃をいなす。素晴らしいと思ってます。いわゆる「抱きかかえる」思想ですね。

船瀬　合気道ですね。それこそ究極の「和」の極意だ。攻めてくる相手を抱きしめて、それで相手の攻撃心を無にする。「抱きまいらせる」。よく言うじゃないですか。

AINO　しっかり、すごく遠くまで見なきゃいけない。よく合気道の訓練のときにね、遠くを見つめるように言われます。

やっぱり神は俯瞰するんです。高いところから人間っていうのを見ている。自分も相手も客観的に見なさい。神の目線から見なさい、ということですよ。

船瀬　達観って言いますね。なかなかの境地だと思う。
なかなか、そこまでの境地にいかない。難しいですね。

非暴力不服従から次の展開は!?

AINO　もう一つ、これに関連して思い出した。ガンジーの非暴力です。

船瀬　それは僕のモットーです。非暴力不服従ってやつです。

あれはかなり厳しいですよ。

結局彼だって、暗殺されました。

それも、結局イギリスが放ったインド人に暗殺された。

それはね、闇の勢力は必ず自分は手を下さない。

例えばアメリカで言えばマルコムXが射殺された。マルコムXを殺したのは黒人ですから。みんなそうですよ。要するにこいつら、悪魔教で彼らはルシファーを信奉してる。

だから悪魔教徒だ。狡猾で血も涙もない。

僕らはもう、戦うしかないなって気はしますね。

戦うんです。しかし暴力じゃない。言葉と情報によって、覚醒させる。

1人対999人です。999人が覚醒すれば、奴ら一瞬で死滅するしかない。だから武力もいらない。ただ情報さえあればいい。ところが人間は情報の動物だから、敵はもうとっくの昔に知ってますよ。だから彼らは教育とメディアを支配したんだ。世界中、ほんとにやられちゃってますよ。

例えばAP通信など――。マスメディアは全部、通信社が情報配信してるだけなんです。それでAP、AFP、ロイター、世界3大通信社の株式90％以上持ってるのがロックフェラー、ロスチャイルド財閥。すごく賢いと思います。ずる賢いっていうか。

アメリカ人はね、2023年1月頃のアンケートで、「テレビ・新聞を信じますか？」って聞いたら「イエス」って答えたのはたった11％です。

アメリカ大統領の不正選挙でみんな気づいた。

「こいつら悪魔だ」、みんなもうわかった。ところが日本人は、「テレビ・新聞信じますか」って言ったら、80％はイエスと答える。まだまだこのコロナの後でもそんなこと言ってる。岐阜県の公文書では60歳以上のワクチン接種率が94％。「なんだ!!」って感じですね。だから日本人の正直さは僕は素晴らしいと思うけど、正直の上に馬鹿が乗ったらね、これ単なる馬鹿なんです。

AINO　だけど、そういうことを「信じたくない」っていう心理が働くんでしょうね。

船瀬　それこそ、あなたがおっしゃる防衛機制なんですよ。

自分が所属する集団から排除される恐怖。あるいは攻撃される恐怖。それがいわゆる同調圧力。それ圧力だけじゃない。実際には、ものすごいものがあります。

「私はずっとその被害者だった」とあなたは原稿に書かれていた。それを読んで「ひどいなあ」と思った。僕は天下御免の一匹狼。楽だよ。でもいる場所がそうじゃなかったら、迫害され続けて本当に書けなかっただろうね。

コロナとワクチンではフィンランドでも美徳と絆を洗脳に逆利用されてしまった

あなたの原稿全部読んだけど、いやこれはアカデミズムの世界って、ヤクザの世界と同じだなと思った。皆さんプライドがあるから、やられてもやられたなんて言いたくないしね、ひっそりしてますね。けど大変ですよ。あなたが最後に結論を、書いてある。

「大いに笑って、愉快に過ごしませんか？」「直感に生きよう」って。

それを可能にするのは、個人主義じゃなきゃ駄目なんです。

まず『個人主義のすすめ』って本書きたいぐらいですよ。

いや面白かったね、あなたの原稿、面白い。

AINO　ありがとうございます。個人主義ですか。でもどうかな、もちろん日本人に対しては、そういう発想すごく大切だと思いますが。

船瀬　フィンランド・リポートは面白かったね。

結局、ワクチンではだまされてますね。みんな個人主義なのに……。知的で、本当に幸福度も世界一高い国民なのに、けっきょくだまされてるという悲劇が、非常に興味深いね。

AINO　指摘するだけでも、みんな嫌がりますけど。

船瀬　フィンランドの話はね、知らず知らずのうちに、全体主義の中にいるわけですよ。一人一人は個人主義だと思ってるけど……。やっぱり基本的なところで、根本的サバイバルのため、「私たちは人と繋がっていなきゃいけない」。そこで生まれた悲しい話ですね。あなたは美徳と絆って書かれてる。まさにフィンランドは美徳と絆じゃないですか。

AINO　フィンランドの文化・福祉と幸せを守るために、フィンランド人の美徳、そしていわゆる連帯感、絆だから……。「みんなでワクチンを打とうね」となります。

船瀬　それを上手に利用されましたね……。

AINO　本当に私としては、なんてことだと思う。けれど、あの美徳を〝洗脳〟に、使われるっていうのが本当に残念です、一番つらい。

船瀬　あなたは書いてる、特攻隊がそうじゃないですか。本当にあれは、まさに、もう国体護持ね。「美しい日本を守る」ためにその美徳のために命を捧げるっていう崇高な、道徳だけど――考えたら「単なるペテンじゃねぇかよ」ってやつですよ。

すべての歴史の裏の裏の裏に見えない悪意はまちがいなく存在する

船瀬　本当にそうだ。裏の裏には裏がある。だから僕ははっきり言います。

要するに、みんな今もだまされてる。世界は2000〜3000年にわたって闇から支配されてきた。

見えない悪意が存在する。

僕はフリーメイソンを調べた。

〝やつら〟はもう明らかにちゃんと、「フリーメイソン憲章」に書いてますよ。

それは、石工組合じゃない。ソロモン神殿創設者にまでさかのぼる。そして、1723年に書かれた「フリーメイソン憲章」には、はっきり自分たちは、国家を破壊して宗教を破壊し、民族を破壊して世界を我々が支配するって書いてるんですよ。

すごいでしょ、こいつらって、言っちゃあいけないかもしれないけど、半分はいわゆる爬虫類的な悪意を持った種族だよ。結局そういう悪意が存在する。しかし、人類の99％は知らない。

だから大航海時代、有色人種をあのように虐殺した。北米大陸は、インディアンを皆殺し。それからアボリジニを皆殺しにしてオーストラリア大陸を、インディオを皆殺しにして南米大陸を奪った……。それは、500年前の大航海時代からやっていた。最初は宣教師が、笑顔でやってきて、心を奪い、商人はもみ手でやってきて物を奪い、そして、最後、軍隊が鉄砲を持ってやってきて国を奪う。

それで大英帝国は日の沈まぬ国になった。地球の陸地の4分の1は大英帝国だった。

これは許されないことです。

AINO　そして、本当に不思議に思うのは、やってる人たちがそれいいと思ってやってる。人をだまして、選んで、殺して何がいいんでしょう？

どうしてそういう基本的なことが理解できないのか。本当に不思議ですよ。

ふつうの人、善人が悪魔に一瞬で変わる!?

船瀬　僕は最近『福田村事件』っていう映画を見た。

これを、見なさい！　と僕は勧めてる。この映画に出てくる福田村は、普段は、利根川沿いにある素朴な穏やかな集落なんです。ところが100年前、事件は起こった。この時代、1919年に朝鮮では、万歳事件（三・一独立運動）が起こっている。要するに日韓併合で植民地にされた、虐げられた朝鮮の人たちが立ち上がった。万歳《マンセイ》、万歳《マンセイ》と連呼して、独立運動が勃発した。

その後、今（2023年）から100年前の1923年、何があったか？　関東大震災です。

朝鮮の強制連行された人たちが、けっこういた。日本政府は関東大震災のときに朝鮮人が暴動を起こすかもしれないと勝手に思い込んで、先手を打って軍部が「朝鮮人が毒を井戸に入れた」など嘘をばらまいた。新聞でそれを煽《あお》った。それで自警団を作らせて、鳶口《とびぐち》、竹槍、日本刀を自警団に渡した。そして通行人ひとりひとりに「〝10円50銭〟って言ってみろ」と詰問した。朝鮮人は濁音が苦手なんです。

すると「こいつは鮮人だ」と言って、その辺のおばさん、おじさん、普通の人が、もうなぶり殺しにしまくった。虐殺された人々は6000人超えですよ。

その知らせが、大震災の6日後には、素朴な村にも伝わった。自警団を作れと命令されたからみんな竹槍作って集まっていたら、そこに15人の行商人が通りかかった。この人たちは被差別部落民で故郷で食べていけなかった。差別される。それで女子供も含めて、行商での漢方薬の商いで細々と旅を続けていた。なんとか食いつないでいた行商の人たちが通りかかった。村人が取り囲む。「お前ら朝鮮人じゃねか？」「10円50銭。言ってみろ」「いや何言ってんだよ」と反論する。ところがそれが四国の訛りだったから、村の人たちは「お前ら鮮人が化けてる」って言って、村のおじさんおばさんが竹槍とね、日本刀と鉄砲で襲いかかって殺しまくった。

私は思う。さっきから悪い奴とかフリーメイソンとかレプティリアンとか言ってきた。だけど、福田村の人たちは、言ってみれば普通の人じゃないですか。普通のおじさんおばさん。穏やかな穏やかな田舎の素朴な人たちがどうして……？　って思いません？

AINO　それは、そういう人たちが特別なんじゃない。私たちだってみんなそういうものを持ってるってことでしょ。

ナチスのあのアイヒマンの人体実験とかも普通の人だった。

AINO　アイヒマンは、「命令に従っただけです」と淡々と答えている。

船瀬　誰でも、善人が突然悪魔になる。

そのときにね、最大の犯人は誰か？　って言ったら、メディアですよ。

今は新聞・テレビです。要するに〝洗脳〟です。だから――昔、鮮人、今、ワクチン――。

なるほど、誤った情報が最大の犯人です。人間は情報の動物です。

でもそれ信じるのは馬鹿な人間ですよ。ちゃんと自分で考えてない。

今のワクチンがそうじゃないですか。だからこそ、与えられる情報には注意する。

僕はいつも言ってる。情報はね、自分で取りに行かないと、本物の情報は手に入らない。

本当にそうです。この人間理解という意味で、誰でも自分もそうなる、ということはちゃんと自覚しなきゃいけない。

マスコミ、学界も「本当のことは言ってはいけない」という世界

AINO　誰でもが悪魔になりうる。悪魔にもなるし天使にもなる。

危機状態で、もう生理的に攻撃的になってしまう。でもみんながそうだから、ちょっと何て言うのかな、悪者探しするよりも、ちょっと甘いと思われるかもしれないけど、さっき言ったように相手を抱きしめる。抱きまいらせるんです。

そういう感じで行けないですかね。

船瀬　それは、ありでしょう。僕は、大学出てから企業に入るのは絶対やめようと思ってた。絶対一人で生きていくんだと決めてた。今思うと、「我が人生に悔いなし」だ。

友達で、例えば、大手新聞の記者になったやつもいる。だけど彼ら記者の友達みんな泣いてるんですよ。「本当のことを書けない」って。

AINO　つらいでしょうね。

船瀬　例えば日経新聞のMくんなんて本当に泣いてました。僕たちはジャーナリストじゃありませんって。どうしたんだって聞いたら、「僕たちは、企業の利益に関わることは一行一字書けません。言えません。僕たちはジャーナリストなんかじゃありません」って肩を震わせてんだよ。

朝日の友人は東大出たのに「俺はアサヒ辞めたいんだ」。

何でって聞いたら、「本当のこと書けないんだ」。

毎日のTさんは、生活家庭欄で「化学調味料は子供の脳の発達には良くないので控えましょう」って書いただけで、デスクから呼びつけられて、怒鳴りつけられた。

「お前はどうして、いつも本当のことばかり書くんだ」

これは、あってはならないことです。「隣の部屋にA社が来てんだよ」

A社ってのは味の素のことですよね。味の素の圧力は、このT記者を飛ばせと、そうしないと広告飛ばすという圧力ですよ。

それでT記者は6年間、ラジオテレビ欄に回されて1行も原稿も書けない状況に追い込まれた。共同通信のTさんは僕より二つ上だったかな。飲み屋で飲んでたら、もう目に涙をいっぱい溜めて嗚咽してるんですよ。

「共同は腐ってます」って言って号泣ですよ。そんな新聞を、日本の知識人と称している人間たちは隅から隅まで読んで切り抜いてんだよ。

NHKのディレクターのIさんは、「NHK受信料絶対払っちゃ駄目だ」って。「嘘ばっかり流してる」。


AINO わかりますよ。学界もそうです。京大のM先生はおやめになりますけど。学会で、本当のことを本当のデータに基づいて言うと、迫害される。

ていうのは、私、大学院の1年生のときに初めての学会発表したときから経験済みなんです。

学問というのは正しいことを、いや本当のことを言ったら駄目なんです。

それですごいショックですよ。だって私、まだね、20代前半で若かったからね

船瀬 アカデミズムとジャーナリズムは完全にはっきりイルミナティ・フリーメイソン・DS。悪魔勢力は100%シェアしてるんです。

AINO 本当にそうですよね。だから、常識的になろうと思うと、もう出ていくしかないんですよね。

船瀬　僕はね、本当に自由があった。自由無辺の原っぱに生きてるからね（笑）。

AINO　船瀬さんは原っぱで……。

船瀬　天下御免、この先言えば椿三十郎みたいなもんですよ。浪人ですよ。ええ。実に愉快だ。

船瀬　だって原っぱだから、これより下はねえや。日当たりが良い、風通しがいいしね。

AINO　多分そんな勇気が持てないんですよね、みんな。

船瀬　だからそういう意味で僕は個人主義者になれって言ってるわけだ。

『1億総自営業のすすめ』という本を書きたいぐらいです。

僕は共著を含めれば300冊近い本を書いてきた。原稿止まりで本にならなかったのもあるけど……。友人の新聞記者たちは1冊の本も書かないで人生終わってるわけですよ。

僕はジャーナリストとしては、「人生悔いなし」。「こんな恵まれた生き方ないな」と思って感謝してますよ。書いてはいけないことは一切ない。

イルミナティって言ったらもうマスコミはアウトですからね。

テレビなどナレーションで言ったらもう駄目。学界もそうでしょ。

僕は去る者は追わず。だけど、そういうことを「知りたい」「知りたい」という人が今殺到している。それで船瀬塾やってます。そういう仲間といると楽しいですね。だから

「来る者は拒まず」。時代が変わってきましたね。

AINOさんは原稿読むとご苦労なさった方だなと思いました。土下座で謝らされたって書いてた、涙出そうになっちゃった。いや、LGBTの、事実を書いただけ。なんで土下座で謝らなきゃいけないんだよ？

AINO　もっといろいろあるので、あれ、別に大したことないです。それだけで終わってるのだから。

船瀬　ヒドイところは他にもある。医学部の医局っていうのはね、もうとんでもない差別の巣窟《そうくつ》だ。もう大学の医学部医局って言ったら、悪魔の白い巨塔だね。

AINO　はい。

教授は、神なんです。教授が黒、と言えば全て黒……。

私がいたところの教授は、はっきり言って、うん、狂ってましたね。狂っていた。まちがいなく精神障害をお持ちだったと思うけど、でも誰も言えないんです。

船瀬　教授が狂ってるんだもんね。ヤクザの親分が大学医局を見てね、「いやあ、これはね、うちの組もこれだけね、言うこと聞かせたい」って（笑）。

ヤクザ組織よりも、あの医局はね、まさに上位なんです。それだけ、タチが悪い。

本当ひどいですよ、なぜ、アカデミズムみたいな、インテリの集まりがここまでね、ケダモノのような組織になってしまったか？
背景にあるのはやっぱりイルミナティ・フリーメイソンなんですよ。悪魔勢力です。彼らは全てを支配してきたからね。だけど悪魔勢力って、私は外に求めるよりも、やっぱり入り込まれる隙を私たちが持ってるってことじゃないかと思う。
弱い人間として、弱いところがあるからそういうのに染まっていく。

AINO　私はたまたまそういうの染まりきれない、もうちょっと単純な自然の人だからね。染まってないんですけど。

船瀬　すごいね、面従腹背《めんじゅうふくはい》って言うじゃないですか。多くの人がそういう状態だと思います。だけど、それがストレスというやつを生み出す。
コルチゾールとアドレナリンが体中渦巻くから、現代人って暗い顔してるわけですよ。

1億総個人主義、総自営業！　みんな自活して、悪魔勢力から自由になる!!

船瀬　僕は、なんで73才なのにそんだけ若くて元気なんだ？　って言われる。
天下御免の本当に自由に生きてるからね。みんなが、こういう生き方すればいいのになと思いますよ。

勇気がないんですね。みんなね、定期収入は悪魔の魅力だね。だから僕なんて、独立して以来、約四〇年自分の年収は一切知らないんですよ。見たこともない。

ちゃんと女房は知ってたみたいだけど。今年の年収も知りません。ただ暮らせてるから「金入ってんだろうな」ぐらいね。執着しない。僕の友達なんか新聞記者やNHKだってみんなもう60で辞めなきゃいけない。

残酷だね。仕事を取り上げられるんだよ。

フリーになれば、死ぬまでマイペースで仕事できるじゃん。

ＡＩＮＯ　私も自営業になろう。

船瀬　うん、みんなでやっぱり定期収入もゼロっていうのかな。そこから離れる不安と恐怖ってすごいみたいね。

ＡＩＮＯ　そうですね。

船瀬　俺なんかさ、自由気ままに原っぱで生きてる。働きたいときに働く。休みたければ休む。

だから1億総個人主義、総自営業！　みんな自立自活したらいい。すると僕は日本人の、このような苦労、苦しみ、矛盾は消えてくと思う。

AINO　そうですよね。集団主義という、全ての洗脳のルーツは集団主義だと思います。

船瀬　なるほど。集団による、同調圧力だ。さっきあなたがおっしゃった「美徳」と「絆」というのは、全て集団からもたらされる圧力。

AINO　そうですね。おっしゃるとおりですね。

船瀬　だから俺みたいに集団なんか無視して、天下御免の一匹狼、すると、集団圧力もクソもないからさ。

だからいろいろ言われたりとかも全然！　何て言われちゃってもへのかっぱだ（笑）。

僕はトンデモ評論家とか、言われてる。「風呂に入ってからだ洗わねえ……」とか（苦笑）、ウィキペディアに書かれてた。タモリさんがそうでしょ。ぼくは髪の毛をせっけんで春夏秋冬、年に4回しか洗わない。化粧品会社のS社はね、1回ヤクザ、ヒットマン雇って僕を暗殺しようとした。かつてあったらしい。それ以降は一切ない。

天下御免だからそれ全然怖いも何もないですよ。

AINO　素晴らしいですね。そこまでいけたら。

船瀬　あなたは今までいろいろ傷ついてきたものがあったね。原稿を読んで本当に苦労なさったなと思いましたよね。

本当、正直に書かれてる。病気のご苦労もね。子供のときから、学校が嫌いだったと、あれはね非常に面白かった。「学校という牢獄」って書いてた。

AINO　もう本当大嫌いで。

船瀬　わかる。もう聞いてなくても全部わかった。

そういう天才にとっては、学校は牢獄です。僕は、今、実はこれから本を書く。タイトルはもう決まってる。『天才のスイッチを入れろ』、サブタイトルは「神童が目覚めるフリースクール革命」。学校は、最大の洗脳装置になってる。小学校から大学までね、全て拒否しなきゃいけない。それはフリースクールかホームスクールでしかない。

だからとにかく、現代社会の仕組みがもう悪魔勢力に全て支配されてる。現在は、社会自体が支配された牢獄と化してる。企業もそうですね。

AINO　いや、でもそうです。学界もそうだから。

船瀬　そこからまず脱出することだよな。

AINO　ある意味でコロナがあって、割と皆さん気がつき始めた。

船瀬　だけど聞いてくれない人が多いけど。かわいそう。ワクチン何本も打ってね。もう一冊、『世界の〝毒〟がやってくる』（ビオ・マガジン）という本も書

いた。大事なこと言います。さらに、突っ込んで警告書きます。

結局、日本が〝やつら〟に狙われてるんです。

インディアン、インディオ、アボリジニと同じ運命！日本人は邪魔な先住民として皆殺しにされる……

船瀬　要するに、白人は、ネイティブアメリカンを皆殺しにしてアメリカ大陸を奪った。アボリジニを皆殺しにしてオーストラリア大陸を奪った。インディオを虐殺して南米を奪い、黒人を奴隷《どれい》にしてアフリカを奪った。5番目に狙ってるのは、この緑の日本列島です。

その事実が、はっきりわかります。

日本の海底には高純度の金鉱脈が眠ってるんです。それが世界の40％弱だってすごいね。彼らにとって邪魔なのは、その上に住んでる我々、先住民なんですよ。

邪魔ですね。だから、アメリカ、オーストラリア、南米、アフリカでやったように、先住民を皆殺しにする。エスニック・クレンジングという、民族浄化だ。ご存知のようにね。だから、世界でｍＲＮＡワクチン接種率が40％以下なのに日本だけ85％!!　さらに7回8回も打ってるのも世界で日本だけ。さらに日本列島で20カ所、今度ｍＲＮＡワクチン工場作るんだって。

AINO　もう訳わかんない。日本は第2のウクライナになるんです。

船瀬　そして日本が第3のパレスチナになる。そして最後はガザ地区になる。先住民を皆殺しにして、緑の列島と、金を奪う。彼らはね、もう没落するヨーロッパ、混乱するアメリカを見捨てている。日本を、彼らは最後の拠点にしようとしている。だから、NATO事務局が今度日本にできる。これっておかしいと思わない？　北大西洋条約機構ですよ。

AINO　なぜ日本に作るの？　どうしたらいいんですか？

船瀬　CDCもね。アメリカ疾病予防管理センターであるCDCが日本に事務局作るっておかしい。

WHOまで日本に事務所を移しそうだ。

AINO　ディープステートに対してどうしたらいいんですか。船瀬さん私どうしたらいいの。

船瀬　僕が思うのは、長野にビル・ゲイツの別荘があるでしょ、あそこはディープステートの中央司令部になるんじゃないかと思いますね。

地下3階って言ってるけど、地下30階くらいあるんじゃないか？

別荘なのに、なんで5年も工事がかかるのよ？　GoogleEarthにも映らないという。すごい話だなと思う。だから結局、彼らは日本を第2のウクライナにするつもりだ。さらに第2の生物兵器製造基地にしようとしてんだよ。

AINO　ひどすぎます。

船瀬　まず、知ることです。気がつくことです。知りたくないけど知らないとね。だから戦後、マインドコントロールって、あなたも書いている。あなたは心理学的に、実に説得力ある。わかりやすい書き方をしてくれた。僕は社会学的に書いた。結局、外からの情報は、大きな情報に嘘がある。小さな情報には真実がある。僕の意見です。

AINO　なるほど、興味深い真理だと思いますね。何か大きな情報に嘘がある。小さな情報には真理がある。だからこそ、イーロン・マスクがはっきり言ってます。面白いですね。「あらゆる陰謀論は実は真実だ」って。

船瀬　なるほど私が唯一期待する人物です。彼は、「Twitterをなぜ買収したんですか？」って聞かれたら、一言、「言論の自由」――。

ザッツ・オール！　素晴らしい。

〝やつら〟は、大統領選挙のとき、トランプ大統領のアカウントを永久停止した。

トランプの大統領当選をひっくり返した洗脳に日本も加担していた!?

船瀬　選挙のときに、一国の大統領のアカウントを永久停止する。恐ろしい。トランプは本当のことを流すからですよ。さらにね、なんでそんな変なツイッターをみんなが信じるのか？　私にはよくわかる。それが〝洗脳〟です。

僕は『アメリカ不正選挙２０２０』（成甲書房）を書きました。原稿用紙９００枚。６００ページぐらい。

価格３８００円じゃないとペイしない。それを１８００円ぐらいまで、下げた。出版社は赤字覚悟。売れるたびに赤字。だけど「２０００円でお釣りが20円きます」という。

僕も印税、諦めてそれに同意した。だけど、誰も買わない！　僕はもう胸を張って言う。この本に書いたアメリカ不正選挙。これは〝洗脳〟の典型的モデルケースです。99％はバイデンが正式選挙で大統領になった、と日本人は信じてる。ところが、アメリカ政府の公式報告書がある。

政府の公式レポートですよ。そこに何と書かれているか？　いいですか、「この不正選挙がなければ、トランプは50の州のうち49の州で圧勝していた」。

このアメリカ政府公式報告書を、なんでメディアは1行も書かないのか？　なんということですか！　さらに、次のように報告は書いてます。

「今回のアメリカ大統領不正選挙に関わった国は、少なくとも65カ国に達する」。最悪は、日本の朝日新聞だ。「不正選挙がなかった」と書き続けている。

そして「不正があった」と言うと、それは〝陰謀論〟だとレッテル貼りまくっているでしょう。朝日が「不正がなかった」と言うその根拠を調べて、唖然としましたよ。いいですか。「(投票機メーカーの）ドミニオンの社長は、不正をやってないと言ってます」言うに決まってるでしょ！　「犯人は〝やってない〟と言ってるんです」

馬鹿ですよ。そして、朝日の記者は、こう言う。「僕らはちゃんとウラ取ってます」

AINO　(笑)。

船瀬　こう言って胸張るんだよ。どういうウラ取ってんだ？
「ドミニオンの社長は不正はやってないと言ってるんです」

AINO　馬鹿ですね。大丈夫なんですか。アタマの中身は？

船瀬　それをかたくなに信じてるのが朝日の記者なんですよ、本当の馬鹿でしょ。

本当の馬鹿が書いたペテン朝日新聞。それに対して僕は、600ページの本に書いた。

ところが、彼らは「ドミニオンの社長は、不正をやってないって言ってるから」の一点張り。不正はなかった!?

だから、めっちゃくちゃ。保育園1年レベルの新聞だ。それを日本中の知識人と称する人たちは隅から隅まで読んでいる。切り抜いている。はっきり申し上げます。

だから、そのようにして、この世の中、もう嘘だらけ。馬鹿だらけなんです。

AINO　私は直感的に、それは全て理解できる。けれど、それがわからない人ってどうなんでしょう?

船瀬　偏差値教育（狂育）の弊害です。

要するに、暗記力100%。思考力0%……。

僕は、「ドミニオン社長が不正やってないって言ってるんです」というのは言い訳だと思った。けれど、彼らは本気です。信じ込んでる。だから「不正はなかった」。それが日本の知識人なんですよ。信じたくないけど私の周りの人たちが、もう少し賢いかと思ったけど。それだから……。

明治以来、日本はカイライ政権なのです！

船瀬　こういうことはアメリカ不正選挙だけじゃない。例えば僕は色々書いてきた。

例えば『維新の悪人たち』（共栄書房）。いいですか？　幕末に日本に来たのは全員フリーメイソンなんです。

AINO　なるほどね。

船瀬　それ以外は誰一人来られなかった。だから、ペリーもグラバーもみんなそう。彼らはこの日本を植民地にしようと思った。だけど諦めた。なぜか？　それは武士道という非常に崇高な哲学。もう一つは、天皇制という一つの宗教がある。

彼らは、植民地にすることを諦めて、カイライ政権を作ることを思い立った。

AINO　なるほどね。

船瀬　〝やつら〟は長州に目を付けた。長州は、朝鮮大名と言われる大内氏が治めていた。渡来の朝鮮人が多いからね。〝やつら〟はAという民族がいじめたBという弱小民族を利用する。長州を利用して、カイライ政権を作ったのが明治政権です。

そのときの孝明天皇は、とにかく「白人は信用ならん。絶対入れちゃいけない」と言い続けた。これに対して「白い悪魔」たちは命じた。「邪魔だから殺せ」。

その孝明天皇を堀川邸の厠《かわや》で刺し殺したのが伊藤博文です。彼は14才で長州で士分を得た。それで下忍《げにん》になった。下忍とは、忍者の最下層です。彼に与えられた役目はヒットマン。暗殺者です。

何人かは殺したと思いますよ。最後の仕事が孝明帝の暗殺。その息子の睦仁《むつひと》親王もやはり「白人は信用しちゃいけない。攘夷だ」と主張した。

そこで「こいつも邪魔だ」。それで明治天皇になりたての16歳の首を斬り捨てた。その代わりに長州の百姓の倅《せがれ》の大室寅之祐とすりかえた。それが明治天皇になった。なのにこんなこと誰も知らない。唖然呆然でしょ。さらに言うなら、もうそのときから日本はカイライ政権なんです。明治以来、いわば〝弱み〟を二つ握られてるからね。

だから、例えば真珠湾攻撃も9・11も3・11東日本大震災も全部〝やつら〟の仕業だ。さらに言うなら、ベトナム戦争のトンキン湾事件も、全部、偽旗《にせはた》作戦。自分を攻撃して「あいつがやった！」と叫ぶ。ヒトラーもやりましたね。

内閣作って2日目には議事堂焼き打ちした。そして「共産党がやった」って言って皆殺し。同様に9・11は軍産複合体がやった。3・11は人工地震です。僕は全部、証拠を持ってます。だけど、普通の人だとマスコミや政府に〝洗脳〟されている。言いたくないけど、でっちあげだらけなんですよ。

その中で我々、生きてるわけです。僕はそれらを、ひたすら書き続けてきて、今日に至ったわけ。皆さんから「なんで船瀬さんは殺されないんですか？」と講演会で必ず質問が出る（苦笑）。ＣＩＡに聞け！　って僕言うんだけど。

結論は何か？　あなたが言ったように、やっぱり「直感に生きろ」という言葉が正しかった。「直感に生きなさい」ってことだね。

「動物的生存本能で生きなさい」。

ＡＩＮＯ　なるほど、それいい。必要ですね。

やっぱり必要な方は上から守られてる。というか、その使命があるから、いらっしゃるんですよ。

ちゃんと守ってもらえてる。天命と思います。

船瀬　僕は『「波動医学」と宗教改革』（ヒカルランド）という宗教系の本も書きました。

そこで冒頭に書いた。

「神とは何か？」「それは宇宙である」つまり「ゴッド・イコール・ユニバース」なのです。神の恩寵《おんちょう》とは、「宇宙の法則」。「ルール・オブ・ユニバース」。仏教で言えば仏法です。

神とは宇宙である。神とは宇宙の法則。それによって我々は守られてる。

だから、宗教学イコール物理学です。

量子力学は霊魂の存在も認めてます。量子力学の世界最高権威と言われているペンローズ博士は、2020年ノーベル物理学賞取ってます。彼は、はっきり「魂《たましい》は物理学的に存在する」と断言しています。物理学的に存在は証明された。

そして「あの世」も存在すると言ってます。そして「生まれ変わり」、「転生」も物理学的に証明できる。仏教と同じですね。

だから量子力学と宗教学は見事に融合した。すごい時代だね。

だから『幽体離脱』（ビジネス社）にも、詳しく書きました。

そういうことを知れば、宇宙的視野から見れば、地球上のできごとなんてちっぽけだ。ワクチンだとか、戦争とかね。だから、歪んだ〝偏見〟は僕はかんたんに解けると思う。

そうですよ。直感力というのは、宇宙的な感性だと思う。

ＡＩＮＯ　繋がってるんですよ。なんていうか、何て表現したらいいのか、神様的ってものありますよね。私たちが幸せに、豊かに生きるのもそのおかげ。それに繋がって、いわゆる宇宙意思っていうのかな。

船瀬　だから我々は動物を見れば、そこには答えがあると思う。

彼らは、戦うときは戦う。だけど、無駄な行動をしない。

そしてパンツもはいてない（笑）。そうね、無理なく無駄なく生きてる。

それが動物たちだよね。それで、何か幸せそうじゃん。野生の動物は――。人間だけ頭をかきむしって生きてる。日本で、いいですか、15歳から39歳まで、全部死因のトップは自殺です。先進国で、日本の自殺率は図抜けている。

ひきこもりは、１４６万人だよ。この国は、家から一歩も出ないひきこもりが……。野生の動物がね、腹抱えて笑ってますよ。なんかおかしいでしょ。これはやっぱり、闇の勢力がそのように仕組んだと思います。

教育（狂育）ですね。それと食生活。ろくなもん食ってねえし（苦笑）。あと情報。本当の夢と希望を与えない。

だって、トルーマン大統領が言ったじゃないですか、日本を占領したとき。こいつフリーメイソンの親分ですよ、洋服屋のオヤジだったんですよ。それがね、うまく立ち回って気がついたとき、メイソンのトップまで上り詰めて大統領になっちゃった。彼が日本を占領するときに何て言いました？

「我々はこの国のサルどもを支配する」って言ってるじゃないですか。

「モンキー・オブ・ジス・カントリー」と言ってますよ。ひどいな。

そして、セックス・スポーツ・スクリーンの３Sの娯楽で、骨抜きにして、とことん死ぬまで働かせて、それで全部とことん搾取すると、はっきり言ってますよ。

それは戦勝国である我々の特権であると。ひどいよ。イスラエルのガザ地区攻撃しているイスラエル陸軍大臣、あいつら何て言ってますか。

「我々はヒューマンアニマルと戦っている」とはっきり言ってるじゃないですか。

「人間の姿をしたケダモノと戦ってるのだ」と。

〝やつら〟は、パレスチナの子供たちですら、人間とみなしてない。ケダモノだと。だから皆殺しだ。〝やつら〟こそ、悪魔だ。だけど全ての人が「おかしい」って誰も思わない。

「殺し尽くす」と言ってる。ガザ地区でも万単位の人（2024年1月時点で二万五〇〇〇人以上）が殺され、爆撃で殺されて、そのうちの半分は子供たちです。それがおかしいって誰も思わない。怒らなきゃいけないのに。日本人は、もう腑抜けになってる。

「話したくない」。「聞きたくない」。そう言ってるわけです。ワクチンだって同じだ。

日本人は思考停止に陥ってる。というより、本当に痴呆状態だ。

要するにかつては賢くて勤勉で努力家で、正義感の強い日本人だった。

それを〝やつら〟は支配し破壊した。だから、今、日本人は、決定ができない。行動もできない。発言もできない。そして自分自身で、善悪も判断しない、できない。

そういう民族を教育を通じ、情報を通じ、政府を通じ、育て上げたのは、ディープステート（DS）だ。

だけど、船瀬塾に集まってる仲間はみんな目覚めてるから元気だよ。大多数はそうかもしれないけれど、元々私たちはそういうふうに生まれついてないっていうか、今もたくさん持ってるはずだ。

外からの条件付けだけで腑抜けにされたのは悔しいね。

日本人の目覚めのスイッチをどう入れて、どう生き残るのか⁉

船瀬　一つはやっぱりスイッチが入ってないんだよ。すぐに目覚める。このスイッチがね、入ってない。どうしたらいい？　そこでね、あなたの書いた本で僕は非常に感服したのね。「脳の断捨離」って書いてましたね。これは非常に大事だ。

いらない情報デトックス。まず最初はね、テレビのスイッチを切る。

そして新聞はね、全て取るのやめなさい。全ての新聞は駄目。マスゴミも全部駄目。

僕はやっぱ最後は紙の本だと思います。でもね。9割は駄目だ。僕はこの前、池袋のジュンク堂に行って、愕然とした。9割は駄本です。もう、ちょっと目がくらむぐらい。

僕は『天皇は朝鮮から来た⁉』（奇埈成《キジュンソン》著、ヒカルランド）という本の解説も書いてます。

僕が尊敬するユースタス・マリンズさんって著者がいる。本当にリスペクトしてる。彼は命がけで著作を残された。よく刺されなかったと思う。歴史家であり著述家だ。彼がね、日本に来たとき講演聞いた。

「ジャーナリストというのは、考古学者と似てる」という。

すなわち権力は、全てそのヒストリーはヒズ・ストーリーだ。権力者っていうのは自分に都合のいいものをでっちあげる。都合の悪いものは隠蔽する。

政治学で権力の3要素は①腐敗し、②隠蔽《いんぺい》し、③弾圧する。

だからこそ、ジャーナリストは権力がカバーアップ、要するに、地下に埋めたものを、〝ディグ・アップ〟、掘り起こす。権力者が隠して埋めたものを掘り起こす。それがジャーナリストの仕事。

だから考古学者に似てるって言ったのは感銘しましたね。

AINO　なるほどね。そういう面では船瀬さんはやってらっしゃいますよ。本当に偉大なことをしてくださってて、ありがとうございます。

船瀬　そろそろ時間がせまってきましたね。これだけ言っとかなきゃっていうことを言ってください。

AINO　悲惨なことがいっぱい起きていって真実を知ると、本当に絶望とか発狂してしまうくらいのネガティブな感じでうつになってしまうかもしれないから、みんなそれ嫌なので避けてると思うんです。それもね、一つの生き方かなって思います。悲しいけれど、やっぱり私たちは今、ここでうつになって自殺しちゃいけないよと思うの。

船瀬　それね、わかります。

それとあなたの言った、防衛機制――。これは、キーワードだ。そこで「合理化」っていうのもある。「攻撃」というのもある。「逃避」もあるじゃないですか。

だから真実から目をつぶって逃げる。もう防衛機制の一つだったんだと思う。だけど、それは一時的には自分を救うけど、長い目で見たらワクチンの行列に並んでるわけだ。

AINO　だから短期的には救われても、長期的には殺される。そういうケースです。

船瀬　だから僕は言う。嫌な情報それから聞きたくない情報、見たくない情報――。

これらを真っ先に手に入れなさい。人間はね、見たくないもの、聞きたくないものは見ない。聞かない。それはね、まさに防衛機制ですよ。

AINO　これこそ、本能的な行動なんです。そのときの安心のために「反射」する。不安になりたくないから。ポリヴェーガル理論のとおりです。

船瀬　だけど、不安になっても、一時的だ。嫌な情報は、さっきのパソコンで言えば、いわゆる基本ソフトと違う情報だからね。認識がパニックを起こしてることはわかる。

だけど、それでも新しい情報をインストールしなさいということです。

「見ざる」、「言わざる」、「聞かざる」。一番危険ですよ。

よくそれを、庶民の生き残る智恵と言う。僕は嫌なんだ。

でも基本的にやっぱり生命力っていうのは、違う。「笑い」とかね。「芸術」だとか。そういった知的なことをしっかりして、エネルギー溜めないと駄目だ。

「基礎精神力」と「基礎体力」が必要だ。そう思いますよ。

僕はだから1日懸垂10回やってるし、タワシで毎朝、上半身擦ってるし、1日1食で、ヴィーガン（完全菜食）ですからね。

ある意味で僕はヨガ行者的な生活してる。だから調子いいですよ。

髪の毛、真っ黒です。基礎精神力と基礎身体力を自分で作る。そうしないと、情報のパニックには耐えられない。情報パニックに耐える体力と精神力が必要だ。

AINO　でもやっぱり体力とか精神力も生まれつきの、それぞれの人のキャパシティはあるような気がしてますけれど。

精神は、ある意味ですごい強いとも言われる。何かこういう迫害の中でもなんとかこうやって生き続けられてきてる。心は強いのかもしれない。だけど、過敏な人はやっぱり倒れちゃう。でもね、倒れても起き上がればいい。けれど、なかなか大変ですよ。

船瀬　最後、大いに笑ってさ、笑って愉快に生きる。あなたも書いてたじゃない。

もう本当だから、こうして話せたのがよかった。ユーモアのセンス、素晴らしいなと思いますよ。

AINO　なんか笑わせてくださって……。

ちらっと船瀬さんのYouTubeとか見て面白かったです。

船瀬　だから、大切な動画を見てごらんということですよ。

周りを気にしないで、そして仲良く、子作りして。そんな生き方は大したもんだと思う。

つまりは老子ですね。ぼくは老子には私淑する。

そして25才のときに沖ヨガの創始者、沖正弘導師に会った。

僕の哲学の根幹です。

僕のバックボーンはヨガなんです。

ヨガっていうのはね、ヨガの教えってのはね、素晴らしいですよ。ヨガには教祖もいませんし、ご本尊もないんです。インドで自然発生的にできた哲学であり、科学であり、医学なんですね。サンスクリット語でヨガという言葉が出たのが約5000年前。おそらく1万年前ぐらいからあったんじゃないかと思う。

ヨガの行者（ヨギ）たちの究極の悟りって何だと思います？

三つしかないんです。

①いつでも喜べ、②いつでも感謝し、③いつでも笑える。

これができれば、それは悟ったヨギである。素晴らしいね。そろそろ締めましょう。今日も本当に楽しい対談でした。だから、いつでも我々感謝し喜べ笑えるっていうのが一番。野生動物たちが、そのように生きてるんですよ。我々人間は、苦労や苦しみがあって動物たちにはかなわないですね。野生の生命は素晴らしいですね。そういうふうに生きていきましょう。ゆっくり休んでくださいね。ありがとう。お疲れ様です。

AINO　ありがとうございました。

Powered by Notta AI

船瀬俊介　ふなせ しゅんすけ
1950年、福岡県田川郡添田町生まれ。九州大学理学部を経て上京し、早稲田大学第一文学部・社会学科卒業。学生時代から消費者・環境問題に関心を抱く。日本消費者連盟に出版・編集スタッフとして参加。『あぶない化粧品』シリーズなどを執筆する。1986年、独立。以来、「医」「食」「住」問題を中心に、執筆、評論、講演活動を続けている。「火の文明」から「緑の文明」への移行が持論である。有為の同志を募り毎月「船瀬塾」を主宰。
主な著書に、『買ってはいけない』（共著、金曜日）、『抗ガン剤で殺される』『笑いの免疫学』『病院に行かずに「治す」ガン療法』『アメリカ食は早死にする』『原発マフィア』（花伝社）、『風景再生論』『漆喰復活』『THE GREEN TECHNOLOGY』『日本の家はなぜ25年しかもたないのか？』（彩流社）、『悪魔の新・農薬「ネオニコチノイド」』（三五館）、『「モンスター食品」が世界を食いつくす！』『ワクチンの罠』『死のマイクロチップ』『『暮しの手帖』をつくった男』『ドローン・ウォーズ』（イースト・プレス）、『維新の悪人たち』『肉好きは８倍心臓マヒで死ぬ』『フライドチキンの呪い』『コロナと５Ｇ』『コロナとワクチン』（共栄書房）、『魔王、死す！』『ロックフェラーに学ぶ悪の不老長寿』『リニア亡国論』『牛乳のワナ』（ビジネス社）、『日本の真相！知らないと「殺される!!」』『船瀬俊介の「書かずに死ねるか！」』『テレビは見るな！ 新聞は取るな！』『忘れてはいけない歴史記録 アメリカ不正選挙2020』（成甲書房）、『コロナと陰謀』『巨大地震だ、津波だ、逃げろ！』『味の素の罪』『スピーカー革命【倍音・共鳴・自然音】で なぜ病が癒え、氣が整ってしまうのか?!』（ヒカルランド）など多数。

AINO
教育・医療における矛盾を指摘し迫害され、海外に逃避したりアカデミアから距離をおいたりしながら、真実の生き方・幸福なあり方を探ってきた。電磁波・化学物質・薬剤など様々な人工汚染物に敏感で、原因不明の体調不良が続いているため、自然の中で生きることを大切にしている。30年前よりヴィーガン菜食、添加物や化学物質フリーな生活を追求しながら、人々との繋がりを平和的に保つ知恵を探求してきてきた。
新型コロナワクチン被害に関して、当初から警告し真実を伝えようと苦心しながら、自らがシェディング被害で体調を崩し、自分自身の健康回復を第一に現在仕事から退いている。
幸福な未来実現のために何ができるのか。今まで封印してきた、教育医療現場で自らが体験してきた悍ましい悲惨な事実を、報告しておくことが必要かもしれない。と思いつつ、明るい未来のビジョンを発信していく方が良いのかと、揺れながらペンネームで執筆活動を始めたところである。

なぜ聞く耳を持たないのか？
「洗脳」の超メカニズム
世界大戦も、ワクチン殺戮も、この世の〝地獄〟は「洗脳」から生じる

第一刷　2024年5月31日

著者　船瀬俊介
AINO（心理学者）

発行人　石井健資
発行所　株式会社ヒカルランド
〒162-0821　東京都新宿区津久戸町3-11　TH1ビル6F
電話　03-6265-0852　ファックス　03-6265-0853
http://www.hikaruland.co.jp　info@hikaruland.co.jp
振替　00180-8-496587
本文・カバー・製本　中央精版印刷株式会社
DTP　株式会社キャップス
編集担当　川窪彩乃

ISBN978-4-86742-322-6

ヒカルランド　好評既刊！

地上の星☆ヒカルランド　銀河より届く愛と叡智の宅配便

味の素の罪
著者：船瀬俊介
四六ソフト　本体2,000円+税

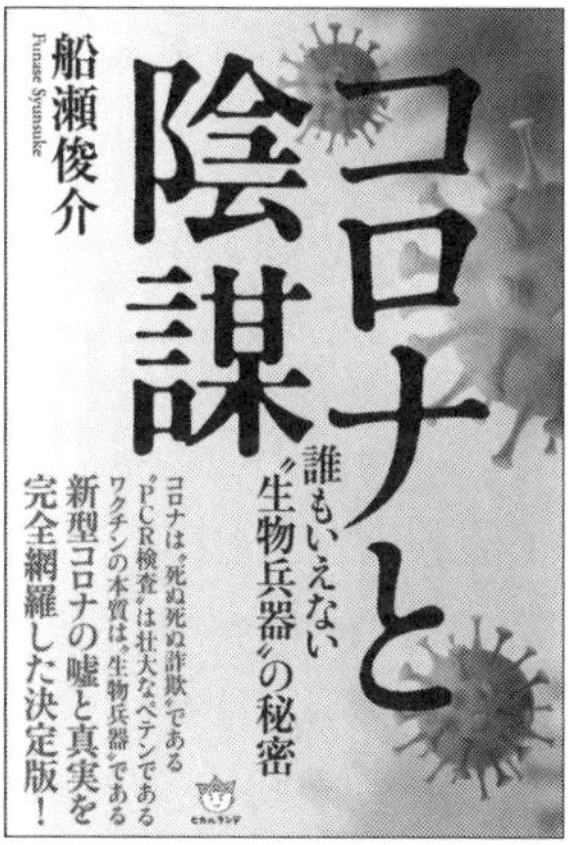

コロナと陰謀
著者：船瀬俊介
四六ソフト　本体2,500円+税

「健康茶」すごい！薬効
著者：船瀬俊介
四六ソフト　本体1,815円+税

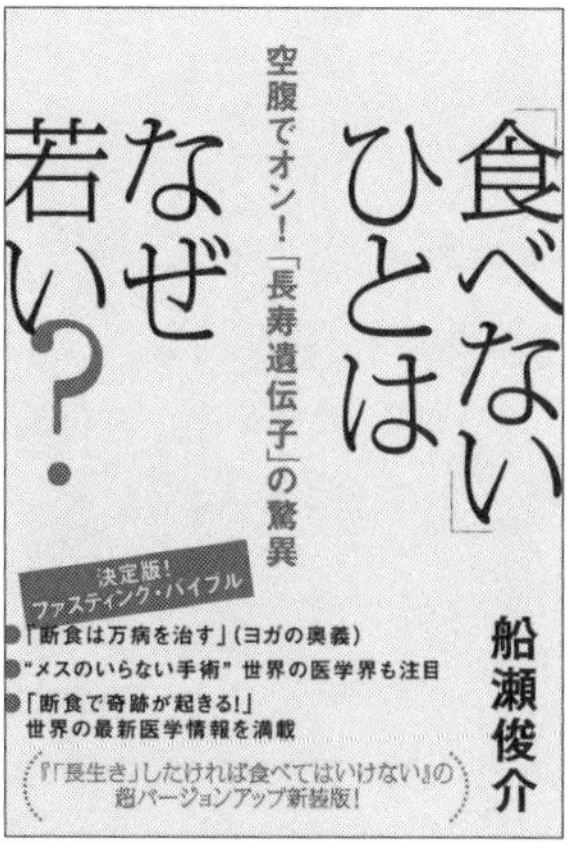

「食べない」ひとはなぜ若い？
著者：船瀬俊介
四六ソフト　本体1,815円+税

ヒカルランド　好評既刊！

地上の星☆ヒカルランド　銀河より届く愛と叡智の宅配便

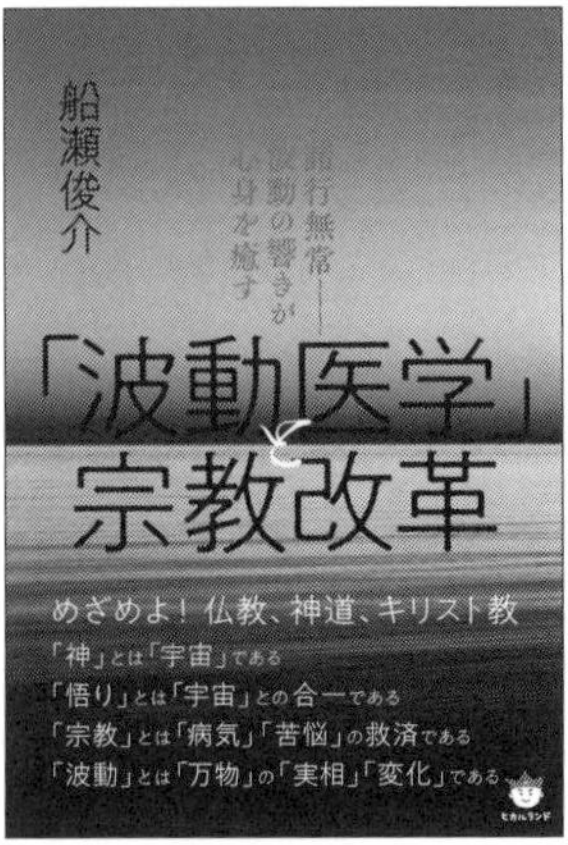

「波動医学」と宗教改革
著者：船瀬俊介
四六ソフト　本体1,800円+税

未来をつかめ！
量子テレポーテーションの世界
著者：船瀬俊介／飛沢誠一
四六ソフト　本体1,600円+税

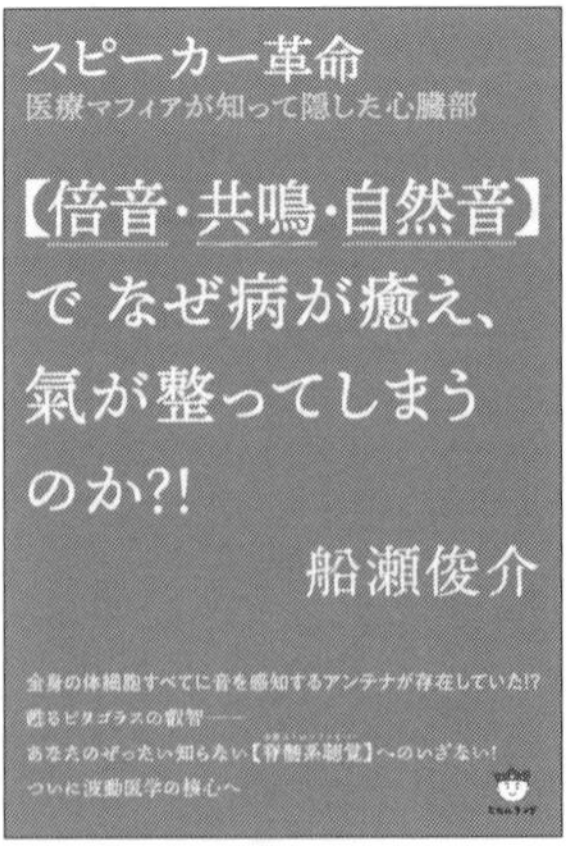

【倍音・共鳴・自然音】で
なぜ病が癒え、氣が整ってしまうのか?!
著者：船瀬俊介
四六ソフト　本体2,000円+税

壊れた世界は、こう歩め！
著者：船瀬俊介／ハナリン／斉藤新緑
四六ソフト　本体1,800円+税